2018년 가족법 주요 판례 10선

이 도서의 국립중앙도서관 출판예정도서목록(CIP)은 서지정보유통지원시스템 홈페이지(http://seoji.nl.go.kr)와 국가자료공동목록시스템(http://www.nl.go.kr/kolisnet)에서 이용하실 수 있습니다.(CIP제어번호: CIP2019023402)

2018년 가족법 주요 판례 10선

곽민희 · 김상훈 · 박동섭 · 배인구 · 서종희
엄경천 · 정구태 · 정다영 · 조인선 · 현소혜

세창출판사

머리말

한국가족법학회 총서 제3권으로 『2018년 가족법 주요 판례 10선』을 연속 발간하게 된 것은 회원 여러분의 적극적인 협조 덕분입니다. 감사합니다.

점점 치열해져 가는 변호사시험과 대학 졸업자의 취업난 속에서 학생지도에 대한 심리적 압박이 더욱 심화되고 있는 열악한 교육환경 속에서도, 학문에 대한 뜨거운 열정과 책임감으로 선례가 될 수 있는 좋은 판례를 선별하고 귀중한 평석을 주신 10인의 집필자들께 특히 감사드립니다. 아울러 우리 학회를 위하여 늘 솔선수범하시는 정구태 출판이사께 심심한 감사의 말씀을 드리며, 경제적 여건이 매우 나쁜 출판계의 현실에도 불구하고 흔쾌히 출간을 맡아 주신 세창출판사 이방원 대표님께도 고마운 마음을 전합니다.

전통적으로 가족법은 재산법에 비하여 사회변화에 둔하다는 평가를 받곤 했습니다. 그러나 2000년대 이후 가족법은 사적 생활에서 사회의 변화를 비교적 빨리 수용하려 노력하고 있습니다. 제도적 변화에 대한 요구는 입법으로 뒷받침되고, 법률과 현실 생활관계의 괴리는 법관의 전문적 지식과 지혜가 투영된 판례를 통해 실현되고 있습니다. 이러한 일련의 과정에서 우리 연구자들의, 이상과 현실의 괴리를 메우기 위한 성찰과 헌신이 있었기에 양성평등을 넘어, 인권의 개선은 물론 약자의 보호를 위한 노력이 현실화될 수 있었다고 생각합니다. 여기에 더해 연구자들은 소송당사자가 제기한 사실관계에 대한 법원의 법률적용과 해석을 통하여 법원의 태도를 가늠해 보고, 이에 대한 판례평석을 통하여 법원과 소통하며, '인간의 가치'를 지키기 위한 파수꾼임을 자부하고 있습니다.

『가족법 주요 판례 10선』에는 2018년에 대법원에서 선고되었던 친족관련 판례의 평석 5편, 상속관련 판례의 평석 5편이 수록되어 있습니다. 이 책을 통해 집필진들은 법원이 제시한 법적 명제에 대하여 연구자들의 시각에서 소통하려 노력하였습니다. 집필진의 고뇌에 찬 평석이 수록된 학회 총서를 우리 회원들뿐만 아니라 실무가, 법학전문대학원 학생들께서도 꼭 일독해 보시기를 권합니다. 특히 매번 학술대회에 참석하여 후학들에게 많은 영감을 주시는 박동섭 변호사님께서 경륜이 묻어나는 상속재산분할심판에 관한 평석을 보내 주신 데 대하여 다시 한 번 감사드립니다.

내년에 간행될 『2019년 가족법 주요 판례 10선』(학회 총서 제4권)에서도 회원 여러분의 활발한 연구로 법원과 깊이 있는 학문적 소통이 이루어지길 기원합니다.

2019년 6월
한국가족법학회 회장 文興安

차 례

‖ 친 족 ‖

● 재산분할청구권의 행사기간

　─대법원 2018.6.22. 자 2018스18 결정

　엄경천 ·· 11

● 부부공동입양원칙

　─대법원 2018.5.15. 선고 2014므4963 판결

　배인구 ·· 26

● 대리권(친권)남용과 선의의 제3자 보호

　─대법원 2018.4.26. 선고 2016다3201 판결

　서종희 ·· 41

● 친권상실선고심판청구에 대한 친권의 일부 제한 심판 사례

　─대법원 2018.5.25. 자 2018스520 결정

　조인선 ·· 63

● 헤이그 아동탈취협약의 적용상 중대한 위험의 판단

　─대법원 2018.4.17. 자 2017스630 결정

　곽민희 ·· 84

‖ 상 속 ‖

● 상속개시 후 상속재산분할심판 확정시 사이에 발생한 과실(果實)의 귀속문제
 ─대법원 2018.8.30. 선고 2015다27132, 27149 판결
 박동섭 ·· 117

● 상속재산 분할 후 모자관계가 밝혀진 경우 민법 제860조 단서 및 제1014조의 적용 여부
 ─대법원 2018.6.19. 선고 2018다1049 판결
 정다영 ·· 130

● 유언에 의한 보험계약자 지위의 이전가능성
 ─대법원 2018.7.12. 선고 2017다235647 판결
 김상훈 ·· 148

● 특정물 유증에서의 담보책임
 ─대법원 2018.7.26. 선고 2017다289040 판결
 현소혜 ·· 161

● 유류분 부족액 산정 시 유류분제도 시행 전 이행된 특별수익의 취급
 ─대법원 2018.7.12. 선고 2017다278422 판결
 정구태 ·· 178

친 족

재산분할청구권의 행사기간

─대법원 2018.6.22. 자 2018스18 결정─

엄경천*

Ⅰ. 사실관계

가. 청구인과 청구외 갑은 1981.3.15. 최초 혼인신고를 하였다 가 1987.5.경 협의이혼하였으며, 1987.12.5. 다시 혼인신고를 하 였으나, 2012.9.6. 이혼판결의 확정으로 이혼하였다.

나. 청구외 갑은 2008.1.9. 청구인을 상대로 이혼 등을 구하는 본소를, 청구인은 2009.12.29. 청구외 갑을 상대로 이혼 등을 구하 는 반소를 각 제기하였고, 2011.5.26. 다음과 같은 내용의 판결을 받았다.

① 청구인과 청구외 갑은 이혼한다. ② 청구인과 청구외 갑의 각 위자료 청구를 모두 기각한다. ③ 청구인은 청구외 갑에게 재산분

---

* 법무법인 가족 대표변호사.

할로 청구인 명의의 일부 부동산(가액 합계 155,018,110원)에 관하여
이 판결 확정일자 재산분할을 원인으로 한 소유권이전등기절차를
이행하라. ④ 청구외 갑은 청구인에게 재산분할로, ㉮ 청구외 갑
명의의 일부 부동산(가액 125,000,000원)에 관하여 이 판결 확정일
자 재산분할을 원인으로 한 소유권이전등기절차를 이행하고, ㉯
630,000,000원 및 이에 대하여 이 판결 확정일 다음 날부터 다 갚
는 날까지 연 5%의 비율에 의한 돈을 지급하라.

　다. 이에 대하여 청구인과 청구외 갑이 모두 항소하였으나(이하,
'종전 소송'이라 한다), 청구인과 청구외 갑 모두 항소기각 판결을 선
고받아 2012.9.6. 위 판결이 그대로 확정되었다.

　라. 청구인은 청구외 갑이 종전 소송에서 부동산 및 금융자산을
은닉하였다고 주장하면서 2014.8.18. 청구외 갑을 상대로 이 사건
심판청구를 하였다.

　마. 청구외 갑은 이 사건 심판청구가 계속 중이던 2014.12.26.
사망하였고, 배우자인 상대방이 청구외 갑의 재산을 상속하였다.

II. 소송의 경과

　가. 청구인은 2014.8.18. 이 사건 심판청구를 하였는데, 종전 소
송에서 청구외 갑이 분할대상 재산을 은닉하였다면서 누락된 재산
을 특정하여 추가로 재산분할을 청구하였다가, 2016.2.3. 청구취
지 변경신청서를 제출하면서 분할대상 재산을 추가하고 청구취지
를 확장하였다. 위 변경신청서는 종전 소송의 판결이 확정된 2012.
9.6.부터 2년이 지난 후 제출되었다.

　나. 원심은 "청구인은 2014.8.18. 청구외 갑이 종전 소송에서 부

동산 및 금융자산을 은닉하였다고 주장하면서 별지 목록 기재 각
재산에 관하여 이 사건 심판청구를 하였다가, 이후 종전 소송이 확
정된 날인 2012.9.6.로부터 2년이 경과한 2016.2.3. 청구취지 변경
신청서를 제출하면서 분할대상 재산을 추가하는 취지로 청구취지
를 1,219,300,000원에서 6,516,211,015원으로 확장하였음을 알 수
있는바, 위 청구취지 변경신청은 종전 소송이 확정된 때로부터 2
년이 경과한 후에 제출된 것으로서 그 부분에 대하여는 이미 제척
기간이 경과하였다고 봄이 상당하다. 따라서 이 사건 심판 청구 중
별지 목록 기재 각 재산에 관한 부분 이외의 나머지 재산에 관한
부분은 부적법하다"고 하면서 제1심을 취소하고 이혼한 날(재판상
이혼청구가 포함된 종전 소송이 확정된 날)로부터 2년이 경과한 후에
청구취지 변경신청서를 제출하면서 분할대상 재산으로 추가한 부
분에 대한 청구를 각하하였다.

Ⅲ. 대상 결정의 요지

가. 민법 제839조의2 제3항, 제843조에 따르면 재산분할청구권
은 협의상 또는 재판상 이혼한 날부터 2년이 지나면 소멸한다. 2년
제척기간 내에 재산의 일부에 대해서만 재산분할을 청구한 경우
청구 목적물로 하지 않은 나머지 재산에 대해서는 제척기간을 준
수한 것으로 볼 수 없으므로, 재산분할청구 후 제척기간이 지나면
그때까지 청구 목적물로 하지 않은 재산에 대해서는 청구권이 소
멸한다.

나. 재산분할재판에서 분할대상인지 여부가 전혀 심리된 바 없
는 재산이 재판확정 후 추가로 발견된 경우에는 이에 대하여 추가

로 재산분할청구를 할 수 있다(대법원 2003.2.28. 선고 2000므582 판결 참조). 다만 추가 재산분할청구 역시 이혼한 날부터 2년 이내라는 제척기간을 준수하여야 한다.

다. 종전 소송에서 청구외 갑이 분할대상 재산을 은닉하였다면서 누락된 재산을 특정하여 추가로 재산분할을 청구하였는데, 이혼의 효력이 발생한 종전 판결이 확정된 후 제척기간 2년이 지난 후에 청구취지 변경신청서를 제출하면서 분할대상 재산을 추가한 경우 추가한 재산에 대한 부분은 이미 제척기간이 지났으므로 부적법하다는 이유로 각하한 원심의 판단은 정당하다.

IV. 해 설

1. 대상 결정의 논점

재산분할청구권이란 무엇이고 언제 발생하는지, 이혼 후 2년 내에 재산분할청구를 해야 한다는 의미는 무엇인지, 재산분할 대상인 재산은 개별 재산인지 전체로서의 재산인지, 재산분할 대상을 소제기 시 또는 심판청구 시에 개별적이고 구체적으로 특정해야 하는지, 재산분할 청구 사건에서도 청구취지 변경이 가능한지, 재산분할 재판이 확정된 후에도 이혼 후 2년이 경과하지 않았으면 추가로 재산분할을 청구할 수 있는지(재산분할 청구 사건에서 조정이 성립된 후에도 이혼이 성립되고 나서 2년이 경과하지 않았다면 은닉 재산이 다시 발견되었다는 이유로 재산분할을 추가로 청구할 수 있는지에 대하여도 함께 살펴볼 필요가 있다), 재산분할 재판이 확정된 후 추가로 재산분할을 청구할 수 있다면 그 재판에서도 청구취지변경이 가능한지, 청구취지 변경이 가능하다면 언제까지 가능한지, 청구취지 변경이 가능하다면 이혼 후 2년 내에 재산분할로 구하는 청구금액만 특정하면 되는지 아니면 재산분할 대상까지 특정해야 하는지, 재산분할 대상을 특정하는 시적 한계를 정하는 것이 정당한지가 문제된다.

2. 재산분할청구권의 본질 및 발생 시기

가. 부부가 이혼을 하는 경우에는 혼인 중 공동의 노력으로 이룩한 실질적인 부부 공동 재산에 대한 적절한 청산이 필요하다. 재산분할청구권이란 이혼을 한 당사자 일방이 다른 일방에 대하여 재산분할을 청구할 수 있는 권리를 말한다.[1] 재산분할청구권은 부부공동재산의 청산(주된 목적)과 함께 이혼 후 부양(보충적 · 부수적인 목적)도 함께 고려해야 한다.[2]

나. 이혼을 원인으로 하는 재산분할청구권은 이혼을 해야 비로소 발생하는 권리이고, 이혼 후 협의 또는 재판에 의하여 구체화되지 않은 재산분할청구권을 혼인이 해소되기 전에 미리 포기하는 것은 성질상 허용되지 않는다.[3]

---

1) 김주수 · 김상용, 친족상속법 242면.

2) 대법원 2013.6.20. 선고 2010므4071, 4088 전원합의체 판결(재산분할 청구 사건에 있어서는 혼인 중에 이룩한 재산관계의 청산뿐 아니라 이혼 이후 당사자들의 생활보장에 대한 배려 등 부양적 요소 등도 함께 고려): 김주수 · 김상용, 친족상속법 243면: 최은정, 재산분할의 기준 정립을 위한 방안 연구, 32면.

3) 대법원 2016.1.25.자 2015스451 결정 "민법 제839조의2에 규정된 재산분할제도는 혼인 중에 부부 쌍방의 협력으로 이룩한 실질적인 공동재산을 청산 · 분배하는 것을 주된 목적으로 하는 것이고, 이혼으로 인한 재산분할청구권은 이혼이 성립한 때에 그 법적 효과로서 비로소 발생하는 것일 뿐만

3. 재산분할을 청구할 수 있는 기간 및 방법

가. 재산분할은 협의상 이혼을 하거나 재판상 이혼을 한 후 2년 내에 청구해야 한다. 다만 분할연금의 청구에 대하여는 관련 법령에 별도의 규정[4]이 있다. 2년은 제척기간으로 그 기간 안에 가정법원에 소를 제기해야 하고(出訴期間), 그 기간이 지나면 권리가 소

아니라 협의 또는 심판에 의하여 구체적 내용이 형성되기까지는 범위 및 내용이 불명확·불확정하기 때문에 구체적으로 권리가 발생하였다고 할 수 없으므로(대법원 1999.4.9. 선고 98다58016 판결 참조), 협의 또는 심판에 의하여 구체화되지 않은 재산분할청구권을 혼인이 해소되기 전에 미리 포기하는 것은 그 성질상 허용되지 아니한다(대법원 2003.3.25. 선고 2002 므1787, 1794, 1800 판결 등 참조). 아직 이혼하지 않은 당사자가 장차 협의상 이혼할 것을 합의하는 과정에서 이를 전제로 재산분할청구권을 포기하는 서면을 작성한 경우, 부부 쌍방의 협력으로 형성된 공동재산 전부를 청산·분배하려는 의도로 재산분할의 대상이 되는 재산액, 이에 대한 쌍방의 기여도와 재산분할 방법 등에 관하여 협의한 결과 부부 일방이 재산분할청구권을 포기하기에 이르렀다는 등의 사정이 없는 한 성질상 허용되지 아니하는 '재산분할청구권의 사전포기'에 불과할 뿐이므로 쉽사리 '재산분할에 관한 협의'로서의 '포기약정'이라고 보아서는 아니 된다."

4) 현행 국민연금법에 의하면, 혼인 기간(배우자의 가입기간 중의 혼인 기간으로서 별거, 가출 등의 사유로 인하여 실질적인 혼인관계가 존재하지 아니하였던 기간을 제외한 기간을 말한다)이 5년 이상이었던 사람은 이혼 후 배우자였던 사람이 연금(노령연금)을 받고 있고 본인(분할연금을 청구하는 사람)이 60세가 되면 그로부터 5년 이내에 국민연금공단에 분할연금을 신청할 수 있다(국민연금법 제64조). 현행 공무원연금법에 의하면, 혼인기간(배우자가 공무원으로서 재직한 기간 중의 혼인기간으로서 별거, 가출 등의 사유로 인하여 실질적인 혼인관계가 존재하지 않았던 기간을 제외한 기간을 말한다)이 5년 이상이었던 사람은 이혼 후 배우자였던 사람이 퇴직연금 또는 조기퇴직연금을 받고 있고 본인(분할연금을 청구하는 사람)이 65세가 되면 그로부터 3년 이내에 공무원연금공단에 분할연금을 청구할 수 있다(공무원연금법 제45조). 공무원연금법의 규정은 사립학교교직원 연금법에도 준용된다(사립학교교직원 연금법 제42조).

멸한다.5) 제척기간에는 소멸시효와는 달리 중단이라는 것이 없고, 당사자의 주장 여부와 관계없이 법원에서 직권으로 조사해야 한다.

　나. 제척기간 내에 명시적 일부 청구를 한 채권에 터 잡아 잔부를 확장하였다고 하여도, 제척기간 내에 청구한 수액을 초과한 부분의 청구는 제척기간의 도과로 소멸된다.6)

　다. 재산분할청구권은 협의상 이혼 또는 재판상 이혼 후에 발생하지만, 재판상 이혼을 전제로 재판상 이혼과 병합하여 청구할 수 있다. 재산분할을 재판상 이혼과 병합하여 청구하는 경우에는 제척기간은 전혀 문제되지 않는다. 이혼 확정과 동시에 재산분할도 확정되기 때문이다. 협의상 이혼 또는 재판상 이혼 후 재산분할만 별도로 청구하는 경우에는 이혼의 효력 발생 후 2년 내에 심판청구서(위자료와 함께 청구하는 경우에는 소장)를 제출해야 한다.

　라. 이혼 후에 재산분할을 청구하는 경우 제척기간 내에 심판청구서나 소장을 제출하는 것 외에 분할 대상 재산까지 확정해야 하는지가 문제된다. 대상 결정의 이유에 의하면 마치 이런 경우에도 제척기간 경과 전에 분할대상 재산도 확정해야 하는 것처럼 설시하고 있다.

4. 재산분할 청구의 대상

　가. 민법 제839조의2에 규정된 재산분할제도는 혼인 중에 부부 쌍방이 협력하여 이룩한 재산을 이혼 시에 청산·분배하는 것을

---

5) 이시윤, 신민사소송법 252면.
6) 이시윤, 신민사소송법 253면, 대법원 1970.9.29. 선고 70다737 판결, 대법원 1998.6.9. 선고 97누8106 판결.

주된 목적으로 하는 제도이므로, 그 재산이 누구 명의로 되어 있는 지 또는 그 관리를 누가 하고 있는지를 묻지 않고 분할의 대상이 된다(대법원 1999.6.11. 선고 96므1397 판결, 대법원 2013.6.20. 선고 2010므4071, 4088 전원합의체 판결 등 참조).

　나. 근로자퇴직급여보장법, 공무원연금법, 군인연금법, 사립학 교교직원연금법이 각 규정하고 있는 퇴직급여는 사회보장적 급여 로서의 성격 외에 임금의 후불적 성격과 성실한 근무에 대한 공로 보상적 성격도 지닌다(대법원 1995.9.29. 선고 95누7529 판결, 대법원 1995.10.12. 선고 94다36186 판결 등 참조). 그리고 이러한 퇴직급여 를 수령하기 위하여는 일정기간 근무할 것이 요구되는바, 그와 같 이 근무함에 있어 상대방 배우자의 협력이 기여한 것으로 인정된 다면 그 퇴직급여 역시 부부 쌍방의 협력으로 이룩한 재산으로서 재산분할의 대상이 될 수 있는 것이다(대법원 2014.7.16. 선고 2013 므2250 전원합의체 판결).

　다. 민법 제843조, 제839조의2의 규정에 의한 재산분할의 경우 부부 일방의 특유재산은 원칙적으로 분할대상이 되지 아니하나 특 유재산일지라도 다른 일방이 적극적으로 특유재산의 유지에 협력 하여 감소를 방지하였거나 증식에 협력하였다고 인정되는 경우에 는 분할대상이 될 수 있다.

　라. 부부 일방이 혼인 중 제3자에게 부담한 채무는 일상가사에 관한 것 이외에는 원칙적으로 개인 채무로서 청산 대상이 되지 않 으나 공동재산의 형성에 수반하여 부담한 채무인 경우에는 청산 대상이 된다(대법원 1993.5.25. 선고 92므501 판결, 1994.12.13. 선고 94므598 판결, 대법원 1996.12.23. 선고 95므1192, 1208 판결 등).

　마. 이와 같이 재산분할 대상은 개별 재산을 대상으로 하는 것이 아니라 실질적인 부부 공동 재산이라면 포괄적으로 분할 대상이

되고, 부부 일방이 제3자에게 부담한 채무 중 일상가사에 관한 것과 공동재산의 형성 및 유지에 수반하여 부담한 것이 분할대상이 되는 등 전체로서의 부부 공동 재산이다.

5. 재산분할 대상 재산을 개별적으로 구분하여 분할비율을 달리 정할 수 있는지

가. 민법 제839조의2 제2항의 취지에 비추어 볼 때, 재산분할비율은 개별재산에 대한 기여도를 일컫는 것이 아니라 기여도 기타 모든 사정을 고려하여 전체로서의 형성된 재산에 대하여 상대방 배우자로부터 분할받을 수 있는 비율을 일컫는 것이라고 봄이 상당하므로, 법원이 합리적인 근거 없이 분할대상 재산들을 개별적으로 구분하여 분할비율을 달리 정하는 것은 허용될 수 없다(대법원 2002.9.4. 선고 2001프718 판결 등 참조).

나. 공무원 퇴직연금수급권에 대하여 위와 같이 정기금 방식으로 재산분할을 할 경우에는 대체로 가액을 특정할 수 있는 다른 일반재산과는 달리 공무원 퇴직연금수급권은 연금수급권자인 배우자의 여명을 알 수 없어 가액을 특정할 수 없는 등의 특성이 있으므로, 재산분할에서 고려되는 제반 사정에 비추어 공무원 퇴직연금수급권에 대한 기여도와 다른 일반재산에 대한 기여도를 종합적으로 고려하여 전체 재산에 대한 하나의 분할비율을 정하는 것이 형평에 부합하지 아니하는 경우도 있을 수 있다. 그러한 경우에는 공무원 퇴직연금수급권과 다른 일반재산을 구분하여 개별적으로 분할비율을 정하는 것이 타당하고, 그 결과 실제로 분할비율이 달리 정하여지더라도 이는 분할비율을 달리 정할 수 있는 합리적 근거가 있는 경우에 해당한다고 할 것이다. 그 경우에 공무원 퇴직연

금의 분할비율은 전체 재직기간 중 실질적 혼인기간이 차지하는 비율, 당사자의 직업 및 업무내용, 가사 내지 육아 부담의 분배 등 상대방 배우자가 실제로 협력 내지 기여한 정도 기타 제반 사정을 종합적으로 고려하여 정하여야 한다(대법원 2014.7.16. 선고 2012므2888 전원합의체 판결).

다. 재산분할 비율은 연금을 제외하고는 개별 재산이 아니라 부부 공동재산 전체를 대상으로 정하게 된다.

6. 이혼 후 2년 내에 특정해야 할 것이 재산분할 청구 금액인지 분할 대상인지

가. 재산분할 청구 사건에서도 재판상 이혼 등 소송사건과 병합하여 소를 제기하든 재산분할만 독립하여 심판청구를 하든 청구취지를 변경할 수 있다는 점에 대하여는 다툼이 없다.

나. 재판상 이혼과 병합하여 재산분할을 청구하는 경우에는 제척기간이 문제되지 않기 때문에 재산분할 청구 금액을 확장하는 시기나 분할대상 재산을 특정하는 시점이 문제되지 않는다. 그러나 협의상 이혼이든 재판상 이혼이든 이혼의 효력이 발생한 후 2년 내에 재산분할을 청구하는 경우에는 2년의 제척기간 내에 재산분할 청구 금액을 확장해야 한다. 제척기간이 도과하기 전에 재산분할청구를 했더라도 제척기간 도과 전까지 확장한 청구취지(청구한 금액)를 초과한 부분은 제척기간 도과로 소멸한다. 제척기간의 본질상 당연하다.

다. 이혼 후 재산분할을 청구하는 경우 부부였던 사람 쌍방이 재산분할에 관하여 협의를 하다가 제척기간이 도과하기 직전에 가정법원에 재산분할을 청구하는 경우가 적지 않다. 이 경우 재산분할을 청구하는 일방이 재산분할 대상을 낱낱이 알고 있는 경우가 없지는 않겠지만, 소 제기 시 또는 심판청구 시 재산분할 대상을 전부 특정하는 것은 쉽지 않다. 사실조회신청이나 금융거래정보제출명령신청 등을 통하여 특정하는 경우가 대부분이다. 위와 같은 방법으로도 재산분할 대상을 특정하기 쉽지 않기 때문에 재산명시제도와 재산조회제도가 도입되었다. 따라서 2년의 제척기간 내에 재산분할을 청구한 후에 재산분할 대상을 특정해야 할 필요성은 상존하고 있고, 실무상 매우 흔한 일이다. 그런데 2년의 제척기간이 도과하였다고 하여 재산분할 대상을 추가할 수 없다고 하는 것은 재산분할청구권 제도가 도입된 1990년 이후 재산분할사건의 실무례와 맞지 않을 뿐만 아니라 일반적인 재판 실무와도 배치된다. 재산분할을 청구하는 소장이나 심판청구서 등을 제척기간 2년 내에 제출하였으면 제척기간이 경과하기 전까지 청구취지를 확장한 금액의 범위 내라면 비록 제척기간 경과 후에 분할대상을 추가하였다고 하더라도 이를 배척할 이유가 없다. 재산분할은 개별 재산이 아니라 전체로서의 부부 공동재산을 대상으로 하기 때문이다.

7. 재산분할 재판이 확정된 후 다시 재산분할청구를 할 수 있는지

가. 재산분할재판은 비송사건[7]이므로 재판의 형식이 판결(이혼 또는 위자료 등 소송사건과 병합된 경우)이든 심판(이혼 또는 위자료 등 소송사건과 병합되지 않고 재산분할만 청구하는 경우)이든 관계없이 비록 확정되었다고 하더라도 기판력이 발생하지 않는다.

나. 재산분할재판이 확정된 후 분할대상인지 여부가 전혀 심리

---

7) 이시윤, 신민사소송법, 526면.

된 바 없는 재산이 재판확정 후 추가로 발견된 경우에는 예외적으로 재산분할청구를 할 수 있다.[8] 다만, 이 경우에도 재산분할청구의 제척기간을 준수해야 한다.

　다. 재산분할재판 진행 중 재산분할에 관하여 조정이나 화해가 성립되고, 조정조서나 화해조서에 부제소 조항이 있는 경우에도 추가로 드러난 재산에 대하여 재산분할을 청구할 수 있을까? 종전 재산분할재판에서 분할대상인지 여부가 전혀 심리된 바 없다면 비록 조정이 성립되거나 재판상 화해가 성립된 경우에도 은닉재산이나 추가로 드러난 재산에 대하여 재산분할을 청구할 수 있다고 봐야 한다.[9]

---

8) 대법원 2003.2.28. 선고 2000므582 판결.

9) 서울가정법원 2010.9.17.자 2009느합133, 2010느합21 심판[재산분할재판에서 분할대상인지 여부가 전혀 심리된 바 없는 재산이 재판확정 후 추가로 발견된 경우에는 이에 대하여 추가로 재산분할청구를 할 수 있고(대법원 2003.2.28. 선고 2000므582 판결 참조), 마찬가지로 재산분할에 관한 협의가 이루어진 경우에도 협의대상이었던 재산 이외의 재산이 추가로 발견되었다면 역시 재산분할청구의 대상이 될 수 있다고 할 것이다. 그러나 재산분할에 관하여 앞서 재판이 있었으나 그 재판이 임의조정이든 화해든 본격적으로 심리가 진행되지 못한 채 당사자들의 합의에 의해 조기종결되었을 경우, 만약 과거 재판에서 심리되지 않았던 재산이라 하여 이를 모두 추가로 발견된 재산으로 해석하면 분쟁을 조기에 원만히 종식시키고자 부제소 합의 조항을 관용적으로 부가하는 조정제도의 취지를 무색하게 할 우려가 있는 반면, 만약 추후 재산이 발견되더라도 위와 같은 조정조항에 의거하여 추가 재산분할청구는 불가능하다고 해석하면 위 화해절차가 공동재산을 은닉하고자 하는 당사자에 의하여 악용될 우려가 있으므로, 이 사건에서와 같이 당사자들이 전 재판에서 재산분할 등 금전적 청구를 하지 않겠다는 취지의 약정을 하였을 경우, 이는 문언 그대로 해석할 것이 아니라 향후 재산분할대상이 될 것으로 약정 당시 예측할 수 있었던 재산에 한하여 추후 재산분할청구권을 포기한 것으로 제한해석함이 상당할 것이다. 즉, 전소 약정 당시 어느 일방이 예측할 수 없었던 상대방의 재산에 관하여는 위 약정의 효력이 미칠 수 없다 할 것이다.]: 최은정, 재산분할의 기준 정

라. 재판분할재판이 판결 또는 심판으로 확정되거나 조정이나 재판상 화해가 성립된 후 추가로 재산분할을 청구하는 경우에도 제척기간 2년 내에만 가능하다.

8. 재산분할 재판 확정 후 추가 청구 시 분할대상 특정의 시적 한계

가. 재산분할재판이 확정된 후 그 확정된 재판에서 분할대상인지 여부가 전혀 심리된 바 없는 재산이 재판확정 후 추가로 발견되어 추가로 재산분할청구를 하는 경우 재산분할의 대상은 그 추가로 발견된 재산에 한정된다.

나. 이 경우 제척기간 내에 청구금액을 특정했다면, 구체적인 재산분할 대상은 제척기간 도과 후에 특정해도 가능한가? 비록 비송사건이기 때문에 기판력이 발생하지 않는다고 하더라도 재산분할재판이 확정된 후 예외적으로 추가로 재산분할을 청구할 수 있는 것이기 때문에 2년의 제척기간 내에 추가로 발견된 재산이라는 것을 특정해야 한다는 견해가 있을 수 있고, 이런 경우에도 재산분할재판이 확정되지 않은 일반적인 경우와 동일하게 제척기간 내에 청구금액만 확정하면 구체적인 분할 대상은 제척기간 도과 후에도 특정할 수 있다는 견해도 있을 수 있다.

다. 생각건대, 제척기간이 권리관계를 조기에 확정하기 위하여 둔 것이라는 점, 재판 확정 후 예외적으로 다시 재판을 신청할 수 있도록 한 것이라는 점, 앞선 재산분할 재판에서 분할대상인지 여부가 심리되었는지를 확정하는 것이 반드시 명확하지는 않은 점 등을 종합해 보면, 재산분할 재판이 확정된 후(조정이나 재판상화해

_____

립을 위한 방안 연구, 37면.

가 성립된 후) 새로 발견된 재산에 대하여 추가로 재산분할을 청구하는 경우에는 제척기간 내에 청구금액뿐만 아니라 재산분할 대상까지 특정해야 한다고 보는 것아 타당할 것으로 보인다.

9. 대상 결정의 의의

이혼을 원인으로 하는 재산분할청구권은 이혼 후 2년 내에 행사해야 하고, 이때 2년은 제척기간이다. 재산분할에 관련된 재판이 확정되면 비록 비송사건이기 때문에 기판력은 없지만 기본적으로 형식적 확정력이 발생한다. 그런데 재산분할재판에서 분할대상인지 여부가 전혀 심리된 바 없는 재산이 재판확정 후 추가로 발견된 경우에는 이에 대하여 추가로 재산분할청구를 할 수 있고, 추가 재산분할청구 역시 이혼한 날부터 2년 이내라는 제척기간을 준수하여야 한다. 재산분할재판에서 분할대상인지 여부가 전혀 심리된 바 없는 재산이 재판확정 후 추가로 발견된 경우에는 재산이 추가로 발견되었다는 것을 전제로 제척기간이 경과하지 않은 경우 예외적으로 추가 재산분할청구를 인정하는 것이므로 제척기간 내에 재산분할 대상과 청구취지까지 특정해야 한다는 대상 결정의 판시는 수긍할 수 있다.

그러나 이혼 후 처음으로 재산분할청구를 하는 경우 제척기간 내에 분할대상까지 특정하라는 것은 재산분할 재판의 특성 및 그동안 재산분할재판의 실무 운용과도 배치되고, 재산분할청구권을 행사하는 당사자에게 지나치게 가혹하므로 동의하기 어렵다.

참고문헌

김주수 · 김상용,『친족상속법』(제14판), 법문사, 2017.

법원실무제요 가사 [II], 법원행정처, 2010.

윤진수,『친족상속법강의』, 박영사, 2016.

윤진수 편집대표,『주해친족법 제1권』, 박영사, 2015.

이경희,『가족법』(8정판), 법원사, 2013.

이시윤,『신민사소송법』, 박영사, 2004.

최은정,『재산분할의 기준 정립을 위한 방안 연구』, 사법정책연구원, 2016.

한봉희,『가족법』(2010년 개정판), 푸른세상, 2010.

부부공동입양원칙

—대법원 2018.5.15. 선고 2014므4963 판결—

배인구*

Ⅰ. 사실관계

가. 원고 1(남성)은 소외인(여성)과 1960.8.18. 혼인신고를 하였고, 그녀와 사이에 네 자녀를 두었다. 그런데 원고 1은 1976.경부터 망인(여성, 당초 소송 제기 당시 피고 2의 지위였으나 이 사건이 항소심에 계속 중 사망함)과 함께 살면서 사실상 부부로서 혼인생활을 하였고, 소외인을 상대로 이혼의 소를 제기하기도 하였지만 원고 1이 유책 배우자라는 이유로 그 청구가 기각되었다.

나. 한편 원고 1과 망인 사이에는 자녀가 없었는데, 망인은 자녀가 생기지 않자 원고 1과 상의하여 아이를 데려다가 키우기로 하였고, 1979.12.30.경 산부인과 병원에서 부모를 알 수 없는 피고를

---

* 법무법인 로고스 변호사.

데려와 그때부터 함께 피고를 키웠다.

다. 원고 1과 망인은 피고가 중학교에 입학할 무렵이 되자 피고를 원고 1의 호적에 입적시키기로 하고, 1990.12.29.경 피고가 원고 1과 망인 사이에서 출생한 혼인 외의 자로 출생신고를 하였다.

라. 이 사건 소로 원고 1은 원고 1과 피고 사이의 친생자관계부존재 확인을 구하고, 망인의 동생인 원고 2는 망인과 피고 사이의 친생자관계부존재 확인을 구하였다.

마. 유전자 검사결과 원고 1과 피고 사이, 망인과 피고 1 사이에는 각 혈연에 의한 친자관계가 성립하지 아니한다는 감정 소견이 있었다.

II. 소송의 경과

1. 판결의 요지

제1심은 원고들의 청구를 모두 인용하였고, 피고는 이에 항소하였다. 항소심인 원심 소송 계속 중 망인이 사망하였고, 원심은 피고가 망인을 수계하였다고 판단한 후, 제1심판결 이유를 인용하여 피고의 항소를 모두 기각하였다.

원심이 인용한 제1심판결의 이유의 요지는 다음과 같다.

① 원고 1과 망인이 피고에 대하여 감호, 양육하는 등 양친자로서의 신분적 생활을 계속하였고, 피고를 입양할 의사로 피고의 출생신고를 하였으며, 피고가 입양 사실을 알게 된 이후에도 망인을 간호, 부양하면서 원고 1과 망인을 부모로 여기고 생활하고 있어, 피고는 원고 1과 망인이 한 입양에 갈음하는 출생신고를 묵시적으

로 추인하였다고 봄이 상당하므로, 입양의 실질적 요건은 모두 갖추어졌다고 보인다.

② 원고 1이 소외인과 법률상 혼인관계에 있는 이상 원고 1과 망인이 부모를 알지 못하는 피고를 원고 1과 망인과 사이에서 태어난 혼인 외의 자로 출생신고를 하였다고 하더라도 위 출생신고로 인하여 원고 1과 피고 사이뿐만 아니라, 원고 1과 망인 사이에도 전부 입양의 효력이 발생할 수는 없다고 할 것이므로(대법원 1995.1.24. 선고 93므1242 판결 등 참조), 원고 1과 피고 사이, 망인과 피고 사이에는 각 양친자관계가 존재하지 아니한다(설령 피고의 주장과 같이 망인이 피고의 출생신고를 한 것이라고 하더라도, 법률상 부부가 아닌 사람들이 공동으로 양부모가 되는 것은 허용될 수 없다고 보는 이상, 망인이 다른 사람과 법률상 혼인관계에 있는 원고 1과 공동으로 양부모가 될 의사로 피고를 원고 1의 혼인 외의 자로 출생신고한 것을 두고, 위 출생신고로 인하여 망인과의 관계에서만 편면적으로 유효한 입양신고의 효력이 발생한다고 보기는 어렵다. 망인의 단독 입양으로서 효력이 발생한다는 피고의 주장은 받아들이지 아니한다).

2. 피고의 상고 이유

피고는 원심판결 전부에 대하여 상고하였으나, 피고의 상고이유는 주로 원고 2의 청구 부분인 망인과 피고 사이에 친생자관계가 존재하지 아니한다고 판단한 원심을 다투는 것이다. 특히 원고 1의 피고에 대한 입양의 성립 여부와 망인의 피고에 대한 단독 입양이 가능한지 여부는 별도로 판단되어야 함을 주된 상고이유로 삼았다.

III. 대상판결의 요지

대법원은 다음과 같은 이유에서 원심판결을 파기하고 사건을 수원지방법원으로 환송하였다.

가. 민법 제865조의 규정에 의하여 이해관계 있는 제3자가 친생자관계 부존재확인을 청구하는 경우 친자 쌍방이 다 생존하고 있는 경우는 친자 쌍방을 피고로 삼아야 하고, 친자 중 어느 한 편이 사망하였을 때에는 생존자만을 피고로 삼아야 하며, 친자가 모두 사망하였을 경우에는 검사를 상대로 소를 제기할 수 있다. 친생자관계존부 확인소송은 소송물이 일신전속적인 것이므로, 제3자가 친자 쌍방을 상대로 제기한 친생자관계 부존재확인소송이 계속되던 중 친자 중 어느 한 편이 사망하였을 때에는 생존한 사람만 피고가 되고, 사망한 사람의 상속인이나 검사가 절차를 수계할 수 없다. 이 경우 사망한 사람에 대한 소송은 종료된다.

나. 입양은 기본적으로 입양 당사자 개인 간의 법률행위이다. 구 민법(2012.2.10. 법률 제11300호로 개정되기 전의 것)상 입양의 경우 입양의 실질적 요건이 모두 구비되어 있다면 입양신고 대신 친생자출생신고를 한 형식상 잘못이 있어도 입양의 효력은 인정할 수 있다. 입양과 같은 신분행위에서 '신고'라는 형식을 요구하는 이유는 당사자 사이에 신고에 대응하는 의사표시가 있었음을 확실히 하고 또 이를 외부에 공시하기 위함인데, 허위의 친생자출생신고도 당사자 사이에 법률상 친자관계를 설정하려는 의사표시가 명백히 나타나 있고 양친자관계는 파양에 의하여 해소될 수 있다는 점을 제외하면 법률적으로 친생자관계와 똑같은 내용을 가지므로, 허위의 친생자출생신고는 법률상 친자관계의 존재를 공시하는 신

고로서 입양신고의 기능을 한다고 볼 수 있기 때문이다.

다. 원심이 인정한 것처럼 망인과 피고 사이에는 개별적인 입양의 실질적 요건이 모두 갖추어져 있다. 망인에게 원고 1과 공동으로 양부모가 되는 것이 아니라면 단독으로는 양모도 되지 않았을 것이란 의사, 즉 원고 1과 피고 사이의 입양이 불성립, 무효, 취소, 혹은 파양되는 경우에는 망인도 피고를 입양할 의사가 없었을 것이라고 볼 특별한 사정도 찾아볼 수 없다. 입양 신고 대신 피고에 대한 위 친생자출생신고가 이루어진 후, 2008.1.1. 호적제도가 폐지되고 가족관계등록제도가 시행됨으로써 망인의 가족관계등록부에는 피고가 망인의 자녀로 기록되었고, 피고의 가족관계증명서에도 망인이 피고의 모로 기록되었다. 이와 같은 점 등에 비추어, 망인과 피고 사이에는 양친자관계가 성립할 수 없다고 본 원심판결에는 개인 간의 법률행위인 입양의 효력, 입양의 의사로 한 친생자출생신고의 효력에 관한 법리를 오해한 잘못이 있다.

Ⅳ. 해 설

1. 대상판결의 논점

가장 주된 쟁점은, 배우자 없는 사람(망인)이 법률상 배우자가 있는 사람(원고 1)과 친생자 아닌 사람(피고)을 입양의 의사로 친생자로 출생신고를 한 경우 배우자 없는 사람의 단독 입양의 성립과 그 유효성이다. 특히 배우자 있는 사람이 입양을 할 때에는 배우자와 공동으로 하여야 하고(민법 제874조 제1항), 이를 부부공동입양의 원칙이라고 하는데, 배우자 없는 사람이 배우자 있는 사람과 공동으로 친생자 출생신고를 한 경우 배우자 없는 사람과 양자의 단독 입양의 유효성을 인정하는 것이 부부공동입양의 원칙에 어긋나는지가 쟁점이다.

2. 부부공동입양의 원칙

(1) 의 의

민법은 배우자 있는 사람이 입양을 할 때에는 배우자와 공동으로 하여야 한다고 정하고 있다(제874조 제1항). 따라서 양친은 반드시 배우자 있는 자여야만 하는 것은 아니지만, 배우자 있는 자가 입양을 하려면 배우자와 공동으로 하여야 한다.[1] 대법원은 양부모가 이혼하여 양모가 양부의 가를 떠났을 경우, 양모자관계가 소멸하는지 여부가 문제된 사건에서, 구(舊)관습시대에는 오로지 가계계승을 위해서만 양자가 인정되었기 때문에 입양을 할 때 처는 전혀 입양당사자가 되지 못하였으므로 양부모가 이혼하여 양모가 부(夫)의 가(家)를 떠났을 때에는 입양당사자가 아니었던 양모와 양자의 친족관계가 소멸하는 것은 논리상 가능하였으나, 현행 민법 아래에서는 부부공동입양제가 되어 처(妻)도 부(夫)와 마찬가지로 입양당사자가 되기 때문에 양부모가 이혼하였다고 하여 양모를 양부와 다르게 취급하여 양모자관계만 소멸한다고 볼 수는 없다(대법원 2001.5.24. 선고 2000므1493 전원합의체 판결)고 판시한 바 있다.

이와 같은 부부공동입양 원칙의 취지를 양자의 건전한 성장과 발달을 도모하기 위한 것으로 이해하는 견해도 있지만,[2] 1차적으로 배우자의 인격 존중 및 그를 통한 부부공동체의 유지를 고려한

---

1) 윤진수, 친족상속법 강의, 박영사(2016), 182면.
2) 대표적으로 박동섭, 친족상속법, 박영사(2006), 308면.

것이고, 다만 미성년자를 양자로 할 때에는 부차적으로 자의 복리
도 고려된 것이라는 견해도 있다.[3]

(2) 공동으로 입양을 한다는 의미

입양을 할 때에는 배우자와 '공동으로' 한다는 것은, 부부는 공동
으로 입양당사자가 될 수 있을 뿐이고 편면적으로는 입양당사자가
될 수 없다는 것이 문언상 명확하다. 그런데 이 의미와 관련하여
공동설과 개별설로 견해가 나뉜다.

1) 공동설

부부가 양자를 하는 경우에, 양자는 양친으로 되는 부부 각자와
편면적, 개별적으로 양친자관계를 맺는 것이 아니라 '일체'로서의
양친자관계가 발생하여 부부 공동의 양자로 된다고 새겨야 한다는
견해이다.[4] 이에 따르면 공동으로 할 수 없는 사정이 있는 경우에
예외적으로 그 효력을 긍정한다고 하더라도, 그러한 사정이 존재
하지 않음에도 부부의 일방이 양자를 한 경우(특히 입양의 의사로 친
생자 출생신고를 한 경우)에 타방의 입양의사의 결여로 인하여 '일체'
로서의 입양이 무효로 된다.[5]

2) 개별설

양자를 할 때 부부가 입양당사자이지만, 양부와 양자 사이, 양모
와 양자 사이에 각각 입양이 별개로 성립되므로, 공동입양요건을

---

3) 지원림, "부부공동입양에 관한 단상", 성균관법학 제21권 제3호(2009.12),
   309면.
4) 지원림(각주 3), 311면.
5) 지원림, 314면.

위반한 경우 양부에 대한 관계와 양모에 대한 관계를 나누어 개별적으로 판단하여야 한다는 견해다. 판례의 입장이다.[6] 판례의 견

---

6) **대법원 1998.5.26. 선고 97므25 판결**; 입양이 개인 간의 법률행위임에 비추어 보면 부부의 공동입양이라고 하여도 부부 각자에 대하여 별개의 입양행위가 존재하여 부부 각자와 양자 사이에 각각 양친자관계가 성립한다고 할 것이므로, 부부의 공동입양에 있어서도 부부 각자가 양자와의 사이에 민법이 규정한 입양의 일반 요건을 갖추는 외에 나아가 위와 같은 부부 공동입양의 요건을 갖추어야 하는 것으로 풀이함이 상당하므로, 처가 있는 자가 입양을 함에 있어서 혼자만의 의사로 부부 쌍방 명의의 입양신고를 하여 수리된 경우, 처의 부재 기타 사유로 인하여 공동으로 할 수 없는 때에 해당하는 경우를 제외하고는, 처와 양자가 될 자 사이에서는 입양의 일반 요건 중 하나인 당사자 간의 입양합의가 없으므로 입양이 무효가 되고, 한편 처가 있는 자와 양자가 될 자 사이에서는 입양의 일반 요건을 모두 갖추었어도 부부 공동입양의 요건을 갖추지 못하였으므로 처가 그 입양의 취소를 청구할 수 있으나, 그 취소가 이루어지지 않는 한 그들 사이의 입양은 유효하게 존속한다.
대법원 2001.8.21. 선고 99므2230 판결; 민법 제874조 제1항은 "배우자 있는 자가 양자를 할 때에는 배우자와 공동으로 하여야 한다"고 규정함으로써 부부의 공동입양원칙을 선언하고 있는바, 파양에 관하여는 별도의 규정을 두고 있지는 않고 있으나 부부의 공동입양원칙의 규정 취지에 비추어 보면 양친이 부부인 경우 파양을 할 때에도 부부가 공동으로 하여야 한다고 해석할 여지가 없지 아니하나(양자가 미성년자인 경우에는 양자제도를 둔 취지에 비추어 그와 같이 해석하여야 할 필요성이 크다), 그렇게 해석한다고 하더라도 양친 부부 중 일방이 사망하거나 또는 양친이 이혼한 때에는 부부의 공동파양의 원칙이 적용될 여지가 없다고 할 것이고, 따라서 양부가 사망한 때에는 양모는 단독으로 양자와 협의상 또는 재판상 파양을 할 수 있되 이는 양부와 양자 사이의 양친자관계에 영향을 미칠 수 없는 것이고, 또 양모가 사망한 양부에 갈음하거나 또는 양부를 위하여 파양을 할 수는 없다고 할 것이며, 이는 친생자부존재확인을 구하는 청구에 있어서 입양의 효력은 있으나 재판상 파양 사유가 있어 양친자관계를 해소할 필요성이 있는 이른바 재판상 파양에 갈음하는 친생자관계부존재확인청구에 관하여도 마찬가지라고 할 것이다. 왜냐하면 양친자관계는 파양에 의하여 해소될 수 있는 점을 제외하고는 친생자관계와 똑같은 내용을 갖게 되는데, 진실에 부합하지 않는 친생자로서의 호적기재가 법률상의 친자관계인

해에 찬성하는 견해는 편부, 편모라도 있는 것이 자녀에게 이익이
된다는 점을 근거로 한다.[7]

(3) 입양에 갈음하여 친생자출생신고를 한 경우와 부부공동입양원칙

1) 허위의 친생자출생신고가 입양신고로서 효력이 있는가

대법원이 1977.7.26. 선고 77다492판결로 "당사자 사이에 양친
자관계를 창설하려는 명백한 의사가 있고 나아가 입양의 실질적
요건을 모두 갖춘 경우 입양신고 대신 친생자 출생신고가 있다면
형식에 다소 잘못이 있더라도 입양의 효력이 있다고 해석함이 타
당하다 할 것이다. 다시 말하여 허위의 친생자 출생신고라도 당사
자 간에 법률상 친자관계를 설정하려는 의사표시가 명백히 나타나

양친자관계를 공시하는 효력을 갖게 되었고 사망한 양부와 양자 사이의 이
러한 양친자관계는 해소할 방법이 없으므로 그 호적기재 자체를 말소하여
법률상 친자관계를 부인하게 하는 친생자관계존부확인청구는 허용될 수
없는 것이기 때문이다.
대법원 2006.1.12. 선고 2005도8427 판결; 처가 있는 자가 입양을 함에 있
어서 혼자만의 의사로 부부 쌍방 명의의 입양신고를 하여 수리된 경우, 처
와 양자가 될 자 사이에서는 입양의 일반요건 중 하나인 당사자 간의 입양
합의가 없으므로 입양이 무효가 되는 것이지만, 처가 있는 자와 양자가 될
자 사이에서는 입양의 일반 요건을 모두 갖추었어도 부부 공동입양의 요건
을 갖추지 못하였으므로 처가 그 입양의 취소를 청구할 수 있으나, 그 취소
가 이루어지지 않는 한 그들 사이의 입양은 유효하게 존속하는 것이고, 당
사자가 양친자관계를 창설할 의사로 친생자출생신고를 하고, 거기에 입양
의 실질적 요건이 모두 구비되어 있다면 그 형식에 다소 잘못이 있더라도
입양의 효력이 발생하고, 양친자관계는 파양에 의하여 해소될 수 있는 점
을 제외하고는 법률적으로 친자관계와 똑같은 내용을 갖게 되므로, 이
경우의 허위의 친생자출생신고는 법률상의 친자관계인 양친자관계를 공시
하는 입양신고의 기능을 발휘하게 된다.
7) 이은희, 부부공동입양, 222면[지원림(각주 3), 각주 41)에서 재인용]

있고 양친자관계는 파양에 의하여 해소될 수 있다는 점을 제외하고는 법률적으로 친생자관계와 똑같은 내용을 가지고 있는 것이므로 허위의 친생자 출생신고는 법률상 친자 관계의 존재를 공시하는 신고로서 입양신고의 기능을 발휘한다고도 볼 수 있다"고 판시한 이래로 학설과 판례는 허위의 친생자출생신고에 입양신고의 효력을 인정하였다.

그런데 부부 일방이 입양의 의사로 양자를 배우자 아닌 자와 사이에 태어난 혼인외의 자로 출생신고한 경우에 부부공동입양의 요건과 관련하여 어떠한지 문제이다. 즉 배우자 있는 사람이 배우자와 공동으로가 아니라 다른 사람과 입양한다는 내용의 입양신고를 하면 부부공동입양의 원칙에 반하므로 수리되지 않을 것이다. 그런데 입양신고는 할 수 없고 혼인 외의 자로 출생신고를 할 수 있다는 것을 이용하여 허위의 출생신고를 한 경우에도 과연 입양신고로서 효력을 인정할 수 있는가가 문제이다.

2) 배우자 있는 사람이 배우자 없는 사람과 공동으로 친생자 출생신고를 한 경우 배우자 있는 사람과 자녀 사이의 입양의 효력

판례는 법률상 부부가 아닌 사람들이 공동으로 양부모가 되는 것을 허용하지 않는다.[8] 그런데 입양을 개별적 법률행위로 파악한다면 배우자 있는 사람의 편면적 양친자 관계가 성립될 수 있는가.

이 점과 관련하여 대법원 1995.1.24. 선고 93므1242 판결은 호적상의 부와 호적상의 자 사이에 입양의 실질적 요건이 갖추어진 경우라 하더라도 우리 민법이 부부공동입양의 원칙을 채택하고 있

---

8) 대법원 1995.1.24. 선고 93므1242 판결; 대법원 2014.7.24. 선고 2012므806 판결: 두 판결은 우리 민법은 법률상 부부가 아닌 사람들이 공동으로 양부모가 되는 것도 허용하고 있지 않다고 판시하였다.

는 점에 비추어 보면, 법률상 부부가 아닌 사람들이 공동으로 양부모가 되는 것은 허용될 수 없다고 하여 법률상 배우자 있는 사람이 다른 사람과 공동으로 친생자 출생신고를 한 경우 배우자 있는 사람과 자녀 사이의 양친자 관계를 인정하지 않았다.

3) 배우자 없는 사람이 배우자 있는 사람과 공동으로 친생자 출생신고를 한 경우 배우자 없는 사람과 자녀 사이의 입양의 효력(대상판결의 쟁점)

위 대법원 1995.1.24. 선고 93므1242 판결은 "호적상 모로 기재되어 있는 자가 자신의 호적에 호적상의 자를 친생자로 출생신고를 한 것이 아니라 자신과 내연관계에 있는 남자로 하여금 그의 호적에 자신을 생모로 하는 혼인외의 자로 출생신고를 하게 한 때에는, 설사 호적상의 모와 호적상의 자 사이에 다른 입양의 실질적 요건이 구비되었다 하더라도 이로써 호적상의 모와 호적상의 자 사이에 양친자관계가 성립된 것이라고는 볼 수 없다. 왜냐하면, 이러한 경우 호적상의 부와 호적상의 자 사이에 입양의 실질적 요건이 갖추어지지 않았다면 호적상 부가 호적상 자를 혼인외의 자로 출생신고를 한 것은 아무런 효력이 없는 것이어서 그 출생신고에 관한 호적상의 기재는 두 사람 사이의 친생자관계부존재를 확인하는 판결에 의하여 말소되어야 하므로, 이처럼 무효인 호적상 부의 출생신고에 기하여 호적상의 모와 호적상의 자 사이에서만 양친자관계를 인정할 수는 없고, 호적상의 부와 호적상의 자 사이에 입양의 실질적 요건이 갖추어진 경우라 하더라도 우리 민법이 부부공동입양의 원칙을 채택하고 있는 점에 비추어 보면, 법률상 부부가 아닌 사람들이 공동으로 양부모가 되는 것은 허용될 수 없다고 보아야 하기 때문이다"라고 판시하였다.

그런데 위 사안에서 배우자 있는 양부와 자녀 사이에 입양의 효력이 없다고 하더라도 배우자 없는 양모와 자녀 사이에는 입양의 효력이 있다는 견해가 있다.[9] 또 자신의 호적에 출생신고를 했더라면, 양모자관계가 성립한다는 견해도 있다.[10]

대상사건에서도 위 사안에서와 같이 양모자 관계가 성립하지 않는다는 견해도 가능하다. 특히 부부공동입양의 원칙을 공동설로 이해하는 경우에는 양부와 자녀 사이에 입양의 효력이 없는 이상 양모와 자녀 사이에도 양모자관계가 성립할 수 없음은 당연하다. 그런데 부부공동입양의 원칙은 배우자 있는 사람이 입양하는 경우 배우자와 공동으로 하여야 한다는 의미이다. 배우자 없는 사람은 단독으로 입양할 수 없다는 의미는 아니다. 또 앞서 본 바와 같이 입양은 개인 간 법률행위이고 양부에 대한 관계와 양모에 대한 관계를 나누어 개별적으로 판단하는 견해에 의하면 배우자 없는 사람이 비록 배우자 있는 사람과 공동으로 양부모가 될 의사로 친생자 출생신고를 하였다고 하더라도, 배우자 없는 사람과 양자 사이의 단독 입양은 개별적으로 성립하고 유효하다고 볼 수 있다.

---

9) 윤부찬, "입양의 요건과 무효행위의 전환", 사법행정(1997.4.), 19면 이하; 비록 자신의 호적에 출생신고를 한 것은 아니지만 입양의 의사로 출생신고를 한 점에 근거하여, 부의 호적에 모로 기재되었다는 사실로 모자관계는 추정되고, 입양신고의 요식성은 입양의사를 명백히 하는 데 불과하다는 점을 논거로 한다. 호적상의 모는 허위 친생자 출생신고를 통해 입양의사를 명백히 하였으므로 모자관계는 출생이라는 사실과 입양의 의사를 표시하는 명백한 사실(출생신고)로 확정된다는 것이다.

10) 한상호, "여자가 사실상의 양자를 내연관계에 있는 남자의 혼인 외의 자로 출생신고한 경우 양친자관계의 성립 여부", 민사판례연구 18집(1996), 432면 이하: 모 스스로 피고를 자신의 친생자로 출생신고하지 않아 부의 호적에 생모로 기재되어 있어도 그로써 양모자 관계가 성립하지 않고 만약 모 자신의 호적에 친생자로 출생신고를 하였고 입양의 실질적 요건이 갖추어진 경우 양친자관계가 성립된다는 것이다.

일반적으로 신분행위에 신고를 요구하는 실질적 이유는 당사자 사이에 신고에 대응하는 의사표시가 있었음을 확실히 하고 이를 호적에 공시하기 위한 것으로, 신분행위의 요식성은 제3자를 위한 공시의 역할을 하는 데 지나지 않으므로, 제3자에 대하여 영향을 미치지 않는 한 신분행위의 요식성도 적당히 완화시켜 해석할 필요가 있다(대법원 2007.9.6. 선고 2007다32795 판결 참조). 위 92므 1242 판결은 배우자 있는 남성과 자 사이의 입양이 부부공동입양의 원칙에 반하여 무효이므로 그런 신분사실의 기재는 말소되어야 하고, 그 기재가 말소되면 배우자 없는 여성과 자 사이의 입양도 무효라고 볼 수 있다. 하지만 친자관계를 공시하는 방법이 호적에서 가족관계등록부로 변경된 후에는 이와 달리 볼 수 있다. 가족관계등록부에 의해 개인별로 법률상 친자관계가 공시된 후에는 망인의 가족관계등록부에도 피고가 망인의 자녀로 기록되고, 피고의 가족관계등록부에도 망인이 모(母)로 기록되었다.

이와 같이 개별설의 입장에서 대상 사건을 파악하면, 배우자 없는 망인과 피고 사이에 입양의 실질적인 요건을 충족하였고 가족관계등록제도 시행 후 배우자 없는 망인과 피고 사이의 친자관계가 개별적으로 공시되었으므로 배우자 없는 망인과 피고 사이에 개별적으로 입양의 효력을 인정할 수 있다고 할 것이다.

3. 대상판결의 의의

대상판결은 입양을 입양 당사자 개인 간의 법률행위임을 명확히 하였다. 즉 부부공동입양의 원칙을 개별설의 입장에서 파악하였다. 또 배우자 없는 사람이 배우자 있는 사람과 공동으로 친생자 출생신고를 한 경우 배우자 없는 사람과 자녀 사이의 입양의 효력에 대한 관련 판결인 대법원 1995.1.24. 선고 93므1242 판결의 판시는 호적제도가 폐지되고 가족관계등록부에 의하여 개인별로 친자관계가 공시되는 대상 사건에는 적용되지 않는다고 하였다.

그런데 대상판결은 미성년자 입양의 경우 가정법원의 허가가 필요하지 않았던 구 민법상 입양의 경우에 관한 것이다. 입양신고 대신 친생자 출생신고를 한 경우에도 입양의 효력이 인정됨을 전제로 한 사건이다. 미성년자 입양에 가정법원의 허가가 필요한 현행 민법에 의하면 위와 같은 결론이 유지될 수 없을 것이다.

참고문헌

박동섭, 친족상속법, 박영사(2006).

윤진수, 친족상속법 강의, 박영사(2016).

박동섭, "부부공동입양", 재판자료 제101집, 가정법원사건의 제문제(상).

윤부찬, "입양의 요건과 무효행위의 전환", 사법행정(1997.4.).

임혜원, "입양의 실질적 요건을 갖춘 친생자 출생신고로 인한 입양의 효
     력", 대법원 판례해설(2018.상).

지원림, "부부공동입양에 관한 단상", 성균관법학 제21권 제3호(2009.12).

최진섭, "입양에 관한 판례의 쟁점분석", 법학연구 21권 3호(2011.9).

한상호, "여자가 사실상의 양자를 내연관계에 있는 남자의 혼인 외의 자로
     출생신고한 경우 양친자관계의 성립 여부", 민사판례연구 18집(1996).

대리권(친권)남용과 선의의 제3자 보호*
—대법원 2018.4.26. 선고 2016다3201 판결—

서종희**

Ⅰ. 사실관계

A와 B는 1999.11.5. 혼인신고를 마치고 그사이에 아들인 甲과 乙을 낳은 다음 2007.5.2. 이혼하였다. 2011.3.13. B가 사망하자, 甲과 乙이 B가 남긴 X 부동산을 상속하였고, A는 甲과 乙의 친권자로서 이들을 대리하여 2011.6.30.경 C에게 X 부동산을 3천만 원에 매도하고(이하 '이 사건 매매계약'이라고 한다) 2011.7.1. X 부동산에 관하여 갑과 을 앞으로 2011.3.13. 상속을 원인으로 하는 각 1/2 지분의 소유권이전등기를 마친 다음, 같은 날 C 앞으로 소유권이전등

---

* 본 논문은 서종희, "대리권남용과 제3자 보호", 법학논총 제43권 제2호(2019. 6)의 내용 중 일부를 발췌하여 판례평석으로 재구성하여 논점을 추가한 것임을 밝힙니다.
** 건국대학교 법학전문대학원 교수, 법학박사.

기를 마쳐 주었다.[1] 그 후 이러한 사실을 알게 된 甲은 2012.5.18. C를 상대로 수원지방법원 여주지원 2012가단6600호로 이 사건 매매계약의 무효를 주장하며 C 명의의 소유권이전등기의 말소를 구하는 소를 제기하였고, 위 소의 항소심인 수원지방법원 2014나31032호 사건에서 법원은 2015.1.23. 위 매매계약이 A의 친권 남용에 의해 체결된 것이어서 그 효과가 甲에게 미치지 않으므로 C가 소유권이전등기를 말소할 의무가 있다고 보아 원고의 승소의 판결을 선고하였다. 이에 C가 불복하여 상고하였으나 2015.6.24. 심리불속행으로 상고기각되어 위 판결은 확정되었다.

한편 2013.8.22. C는 위와 같은 사실을 숨긴 채 X를 D에게 매도한 후 2013.8.26. X에 관하여 D 앞으로 소유권이전등기를 마쳐 주었는데, 이에 甲(원고)은 C 명의의 소유권이전등기가 원인무효이므로 이에 터 잡은 D(피고) 명의의 소유권이전등기 역시 원인무효라고 주장하면서 그 말소를 구하는 소(이하 '이 사건 소'라고 한다)를 제기하였다.[2]

II. 제1심 판결 및 원심판결

제1심[3]은, 이 사건 매매계약은 친권자 A에 의한 대리권 남용행위에 따라 체결된 계약으로서 그 효과는 원고 甲 등에게 미치지 아

---

1) 당시 위 X 부동산의 시가는 165,443,500원이다.
2) 참고로 피고의 2013.10.22.자 답변서에는 '원고의 이 사건 청구원인 주장 내용은 피고로서는 전혀 알지 못하는 사실입니다'라는 내용이 포함되어 있었다.
3) 수원지방법원 여주지원 2015.4.21. 선고 2013가단12756 판결.

니하는바, 위 매매계약을 원인으로 한 C 명의의 소유권이전등기는 원인무효의 등기이고, 무권리자인 C가 피고 D에게 X를 매도하였다 하여도 아무 효력이 없는 것이어서 피고 D 명의의 등기는 실체적 권리관계에 부합되지 않은 무효의 등기라고 판단하여 원고 甲의 청구를 인용하였다. 피고가 항소하였으나 원심[4]은 1심과 같은 이유로 피고의 항소를 기각하였고 이에 D가 불복하여 상고하였다.

III. 대법원판결

대법원은 "법정대리인인 친권자의 대리행위가 객관적으로 볼 때 미성년자 본인에게는 경제적인 손실만을 초래하는 반면, 친권자나 제3자에게는 경제적인 이익을 가져오는 행위이고 그 행위의 상대방이 이러한 사실을 알았거나 알 수 있었을 때에는 민법 제107조 제1항 단서의 규정을 유추적용하여 행위의 효과가 자에게는 미치지 않는다고 해석함이 상당하나, 그에 따라 외형상 형성된 법률관계를 기초로 하여 새로운 법률상 이해관계를 맺은 선의의 제3자에 대하여는 같은 조 제2항의 규정을 유추적용하여 누구도 그와 같은 사정을 들어 대항할 수 없으며, 제3자가 악의라는 사실에 관한 주장·증명책임은 그 무효를 주장하는 자에게 있다"는 법리를 제시하며 원심판결을 파기환송하였다.

---

4) 수원지방법원 2015.12.17. 선고 2015나15563 판결.

IV. 해 설

1. 대상판결의 논점

(1) 대리권남용의 법리 재확인

판례는 대법원 2011.12.22. 선고 2011다64669 판결 등에서 "진의 아닌 의사표시가 대리인에 의하여 이루어지고 <u>대리인의 진의가 본인의 이익이나 의사에 반하여</u> 자기 또는 제3자의 이익을 위한 배임적인 것임을 상대방이 알았거나 알 수 있었을 경우에는 민법 제107조 제1항 단서의 유추해석상 대리인의 행위에 대하여 본인은 아무런 책임을 지지 않는다고 보아야 하고, 상대방이 대리인의 표시의사가 진의 아님을 알았거나 알 수 있었는지는 표의자인 대리인과 상대방 사이에 있었던 의사표시 형성 과정과 내용 및 그로 인하여 나타나는 효과 등을 객관적인 사정에 따라 합리적으로 판단하여야 한다"고 보아 대리권남용의 문제를 민법 제107조 제1항 단서의 유추적용을 통해 해결하였다. 또한 판례는 대법원 2011.12.22. 선고 2011다64669 판결 등에서 "미성년자의 법정대리인인 친권자의 법률행위에서도 마찬가지라 할 것이므로, 법정대리인인 친권자의 대리행위가 객관적으로 볼 때 미성년자 본인에게는 경제적인 손실만을 초래하는 반면, 친권자나 제3자에게는 경제적인 이익을 가져오는 행위이고 그 행위의 상대방이 이러한 사실을 알았거나 알 수 있었을 때에는 민법 제107조 제1항 단서의 규정을 유추 적용하여 행위의 효과가 자(子)에게는 미치지 않는다고 해석함이 타당하다"고 보아 이러한 대리권남용의 법리를 친권의 남용의 경우에도 동일하게 적용하였는데, 대상판결 또한 이러한 종래의 입장을 재확인하고 있다.

(2) 대리권남용의 효력과 선의의 제3자 보호

대리권남용에 해당하는 경우에 민법 제107조 제1항 단서의 유추적용에 의하여 대리의 효과가 본인에게 미치지 않으므로 친권자의 자(子)의 재산에 대한 처분행위가 친권의 남용에 해당하는 경우 그 처분행위의 효과는 자(子)에게 미치지 않는다.[5] 문제는 대리권 남용에 해당하여 무효가 된 법률관계를 기초로 새로운 법률상 이해관계를 맺은 선의의 제3자에 대해서도 그 무효의 효과를 주장할 수 있을 것인지가 문제되는데, 이에 대해 대상판결은 "외형상 형성된 법률관계를 기초로 하여 새로운 법률상 이해관계를 맺은 선의의 제3자에 대하여는 같은 조(필자 주: 민법 제107조) 제2항의 규정을 유추적용하여 누구도 그와 같은 사정을 들어 대항할 수 없(다)"고 본다. 즉 대상판결은 민법 제107조 제2항을 유추적용하여 선의의 제3자를 보호한다.

(3) 제3자의 악의에 대한 증명책임

어떠한 의사표시가 비진의 의사표시로서 무효(민법 제107조 제1항 단서)라고 주장하는 경우에 그 증명책임은 그 주장자가 부담하며,[6] 상대방의 악의 또는 과실 또한 무효를 주장하는 자가 증명해야 한다.[7] 민법 제107조 제2항에 의하여 선의의 제3자에게는 무효를 주장할 수 없으므로, 제3자의 악의에 대한 증명책임 또한 무효를 주장하는 자가 부담한다.[8] 이러한 판례의 입장을 고려하여 대

---

5) 대법원 1997.1.24. 선고 96다43928 판결 등 참조.
6) 대법원 1992.5.22. 선고 92다2295 판결.
7) 대법원 2002.5.24. 선고 2001다3726 판결.

상판결은 민법 제107조 제2항이 유추되는 경우에도 제3자의 악의라는 사실에 관한 주장·증명책임은 대리권남용에 기하여 그 무효를 주장하는 자에게 있다고 보았다. 이러한 이유에서 대상판결은 피고가 친권 남용에 대하여 선의의 제3자인지 여부에 관하여는 아무런 심리·판단을 하지 아니한 채 그 판시와 같은 사정만을 들어 피고 명의의 등기는 실체적 권리관계에 부합되지 않은 무효의 등기라고 판단한 원심판결에 선의의 제3자에 대한 친권 남용 행위의 효력에 관한 법리오해가 있다고 판단하였다.

2. 이론적 검토

(1) 대리권 남용행위 제한의 이론적 근거

원칙상 대리권 남용행위는 대리행위의 요건을 모두 갖추었다는 점에서 본인에 대한 법률효과를 인정해야 할 것이나, 상대방이 대리인의 남용사실에 대해 악의인 경우에도 그 효과를 인정하는 것은 본인에게 가혹하다고 할 수 있다. 이러한 이유에서 대체적으로 국내 학설과 판례는 그 효과의 귀속을 제한하는 것에 대해 긍정적이다.[9]

1) 학 설

학설은 그 제한의 이론적 근거를 무엇으로 볼 것인지에 대해 견해가 나뉜다.[10] 첫 번째 견해는 민법 제107조 제1항 단서를 유추

---

8) 대법원 2003. 12. 26. 선고 2003다50078 판결 등.
9) 본고에서의 외국법에 대한 소개는 필요한 범위 내에서만 간략하게 언급하고자 한다.
10) 제시되는 근거에 따라 대리권남용을 판단하는 기준(요건)은 달라진다.

적용한다.[11] 이 견해는 본인을 위한다는 대리인의 현명에는 본인
의 이익을 위하여 법률행위를 한다는 의사가 요구되는데, 대리권
남용행위는 이러한 의사가 존재하지 않으므로 그 효력을 인정할
수 없다고 본다.[12] 두 번째 견해는 민법 제2조 신의칙위반을 그 근
거로 든다. 요컨대 대리인의 권한남용으로 인한 위험을 본인에게
귀속시키는 것이 신의칙에 위반되는 경우에는 그 효과를 부인해야
한다는 입장이다.[13] 세 번째 견해는 대리권남용의 문제를 표현대
리 법리를 유추하여 해결한다.[14] 즉 이 견해는 상대방이 합리적인
사람이라도 대리인의 배임행위가 있음을 알지 못할 경우에는 표현
대리를 매개로 본인에 대한 대리의 효과를 인정하고, 합리적이고
이성적인 사람이라면 그 법률행위를 하지 않았을 것으로 인정되는
경우에는 무권대리로 보아 본인에게 효과를 인정하지 않는다. 마
지막 견해는 대리인, 상대방 그리고 본인 모두의 책임요인을 판단
하여 이들 사이의 이해관계를 서로 조정하자는 입장이다.[15] 요컨

---

11) 곽윤직, 민법총칙, 박영사, 1999, 381면; 김용한, 민법총칙론, 박영사, 1986, 286면 등 다수.
12) 정해상, "대리권남용에 대한 당사자의 책임이론", 중앙법학 제4집 제2호, 중앙법학회, 2002, 260면.
13) 송덕수, 신민법강의, 박영사, 2017, 216면; 이동흡, "대표이사의 대리권남용행위", 재판자료 제38집, 회사법상의 제문제, 법원행정처, 1987, 124면; 하경효, "대리권 남용시의 대리효과 부인의 근거와 요건", 한국민법이론의 발전(I), 총칙·물권편, 박영사, 1999, 143면 이하 등. 다만 신의칙 위반을 어떻게 판단할 것인지에 대해서는 다양한 주장이 존재한다. 이에 대해서는 정상현, "대리권 남용행위의 유형분석에 따른 법률관계 재검토", 성균관법학 제29권 제1호, 2017, 248면 이하 참조.
14) 김증한·김학동, 민법총칙, 박영사, 2001, 408면; 이영준, 민법총칙, 박영사, 2007, 553면 등. 이 견해 또한 다양한 판단 기준을 제시하고 있다는 점에서 더 세분할 수 있다. 정상현, 앞의 논문, 249면 이하 참조.
15) 정상현, 앞의 논문, 274면 이하.

대 이 견해는 종래의 학설이 대리권 남용의 문제를 본인에 대한 효
력을 인정하거나 부인하여 전부 아니면 전무(All or Nothing)의 방
법으로 해결하고 있으나 이는 다양한 이해관계를 형성하고 있는
자들 간의 법률관계를 지나치게 단순화하여 해결하고 있다는 점에
서 문제가 있다고 지적한다.16)

2) 판 례

판례는 기본적으로 대리권 남용행위를 비진의표시로 전제하고
제107조 제1항 단서를 유추적용한다. 예컨대 판례는 대법원 1999.
1.15. 선고 98다39602 판결 등에서 "진의 아닌 의사표시가 대리인
에 의하여 이루어지고 그 대리인의 진의가 본인의 이익이나 의사
에 반하여 자기 또는 제3자의 이익을 위한 배임적인 것임을 그 상
대방이 알았거나 알 수 있었을 경우에도 <u>민법 제107조 제1항 단서
의 유추해석상 그 대리인의 행위에 대하여 본인은 아무런 책임을
지지 않는다</u>"고 하면서, "상대방이 대리인의 의사표시가 진의 아님
을 알았거나 알 수 있었는가의 여부는 표의자인 대리인과 상대방
사이에 있었던 의사표시 형성과정과 그 내용 및 그로 인하여 나타
나는 효과 등을 객관적인 사정에 따라 합리적으로 판단하여야 한
다"고 판시하였다.

3) 검 토

다수학설과 판례는 대리권남용의 문제를 비진의의사표시와 외
형적으로 유사하다는 점에 착안하여 민법 제107조 제1항 단서를

---

16) 특히 이 견해는 상대방이 대리인의 배임행위를 공모하거나 선동, 교사함으
로써 대리인의 남용행위를 적극적으로 종용한 경우에는 대리권 남용행위
를 반사회적 법률행위로서 무효라고 본다. 정상현, 앞의 논문, 276면 이하.

유추하여 해결하고 있다. 그러나 대리인이 대리행위를 할 때 '본인을 위하여'라고 현명하는 것(민법 제114조)은 본인에 대한 효과귀속의사를 의미할 뿐이다. 따라서 대리인이 자신 또는 상대방의 이익을 위한다는 것은 단지 동기에 불과할 뿐이므로 대리인의 의사가아닌 동기에 불과한 것을 전제로 대리의사 자체를 비진의 의사표시로 보는 것은 타당하지 않다.[17] 대리권 남용의 경우에도 의사표시의 하자는 대리인의 의사표시를 기준으로 판단하는데(민법 제116조), 대리인은 적법한 대리권에 근거하여 상대방과 유효한 법률행위를 체결하려는 의사를 가졌다는 점에서, 대리인이 자신이나제3자의 이익을 위한 의도를 가지고 있었다 하더라도, 이러한 대리행위에 의사와 표시에 불일치가 있다고 보기는 어렵다.[18] 또한만약 비진의 의사표시 유추적용설이 주장하는 것처럼 현명의 의미를 본인의 이익을 위한다는 의사와 본인에 대한 효과귀속의사를포함하는 것으로 이해한다면,[19] 대리권 남용행위는 본인의 이익을위한다는 의사가 빠져 있는 것이므로 무현명에 의해 본인에 대한효과는 발생하지 않는 것으로 보는 것이 더 논리적이라고 할 수 있다(민법 제115조).[20]

신의칙에 기하여 본인에 대한 효과를 제한하는 견해 또한 신의칙에 기하여 권리를 상실시키는 것이 자연스러운 것인지 의문이며,[21] 굳이 일반조항을 원용하여 법관의 형평감각에 맡기는 것이

---

17) 이영준, 앞의 책, 551면; 정상현, 앞의 논문, 269면.
18) 곽윤직 · 김재형, 민법총칙, 박영사, 2012, 341면; 정상현, 앞의 논문, 268면; 최봉경, "민법에서의 유추와 해석 — 판례를 거울삼아 —", 법철학연구 제12권 제2호, 2009, 157면 이하; 하경효, 앞의 논문, 143면 이하 등 참조.
19) 정해상, 앞의 논문, 260면.
20) 정상현, 앞의 논문, 269면.
21) 정상현, 앞의 논문, 270면; 손지열, "대표권의 남용", 민사판례연구 [XI], 박

타당한지에 대해서도 재고가 필요하다.[22] 특히 추상적인 이념을
가지고 분쟁을 해결하려는 태도는 법관의 개인적 경험을 통해 만
들어진 정의관념이 구체화된 제도 및 법리를 의도적으로 배제하여
판결내용의 정당화의 근거로 차용될 수 있다는 점에서 더욱 신중
해야 할 것이다. 즉 신의칙이라는 미명하에 법관에 의한 법률조작
의 위험(Gefahr der Gesetzesmanipulation)에 노출될 수 있다는 점을
간과해서는 안 될 것이다.[23]

무권대리의 문제로 접근하는 견해 또한 유권대리를 무권대리로
보는 전제(또는 의제) 자체가 부자연스러우며,[24] 선의의 제3자 등
의 보호문제를 어떻게 해결할 것인가에 대한 또 다른 해석상의 문
제가 야기된다는 점에서 바람직하지 않다.

생각건대 본인에게도 대리권 남용과 관련하여 책임이 있는 경우
에는 상대방에게 대리권 남용으로 인한 무효의 효과를 모두 전가
시키는 것은 바람직하지 않다고 본다. 더 나아가 대리권 남용이 문
제되는 다양한 유형을 유효 또는 무효라는 두 가지 선택지로 해결
하려는 시도 또한 한계가 있다고 할 수 있다. 독일에서 대리권 남
용의 문제되는 경우에 판례[25]와 학설이 본인의 과책 등을 고려하
여 독일민법 제254조상의 과실상계(Mitverschulden, 공동과책)를 적
용하여 이익을 조정하는 것처럼[26] 우리 또한 이러한 가능성을 열

영사, 1991, 46면.

22) 손지열, 앞의 논문, 46면.
23) Larenz, Methodenlehre der Rechtswissenschaft, 2.Aufl., 1992, S. 236.
24) 하경효, 앞의 논문, 144면.
25) BGH, NJW 1968, 1379; BGH, 25.03.1968-II ZR 208/64.
26) Karl Christian Vedder, Neues zum Missbrauch der Vertretungsmacht
Vorsatzerfordernis, Anfechtbarkeit, negatives Interesse, JZ 2008, 1077 ff.;
Ulrich Jüngst, Der Mißbrauch organschaftlicher Vertretungsmacht, 1981,
S. 91ff.; Gerhard Tank, Der Mißbrauch von Vertretungsmacht und

어 둘 필요가 있다는 점에서 종래 대리권 남용과 관련된 이론적 근
거에 대한 제시는 재검토가 필요하다.[27] 다만 본고에서는 대상판
결의 쟁점에 대한 분석의 편의를 위하여 종래의 학설에 입각하여
서만 서술하고자 한다.

(2) 친권남용을 대리권남용의 문제로 해결할 것인지 여부

1) 학 설

학설은 일반적으로 친권남용의 문제 또한 대리권 남용의 문제로
본다.[28] 다만 일부 학설은 제한능력자를 위한 법정대리에서는 제
한능력자 보호라는 민법의 근본결단이 존중되어야 한다는 이유로,
제한능력자의 법정대리인이 대리권을 남용한 경우에는 상대방의
보호가치가 긍정되더라도 대리행위의 효과가 본인인 제한능력자
에게 미치지 않는다고 본다.[29] 즉 이 견해는 제한능력자의 상대방
은 대리권남용의 법리가 아닌 민법 제135조에 기하여 보호될 뿐이
라는 입장을 취한다.

Verfügungsbefugnis, NJW 1969, 6 ff.; Hans-Joachim Mertens, Die
Schranken gesetzlicher Vertretungsmacht im Gesellschaftsrecht (unter
besonderer Berücksichtigung von BGHZ 50, 112), Jura 1970, 466 ff.

27) 일본의 판례와 통설 또한 우리와 마찬가지로 비진의 의사표시 유추적용설
을 취하고 있으나 일부 학설은 과실상계 등을 적용하는 독일의 접근 방법
에 대해 긍정적인 태도를 보인다. 中島秀二,「濫用代理論批判」, 鈴木綠
弥・徳本伸一 編,『財産法学の新展開』, 有斐閣, 1993, 77頁 이하; 伊藤 進,
代理権の踰越と濫用, 駿河台法学 22巻 1号, 2008, 45頁 이하 등 참조.

28) 김준호, 민법강의(제23판), 법문사, 2017, 301면 등.

29) 지원림, 민법강의(제14판), 홍문사, 2016, 279면.

2) 판 례

판례는 친권남용 또한 대리권의 남용의 문제로 해결한다.[30] 대
상판결 또한 그러한 종래 판례의 입장을 재확인하고 있다. 다만 판
례는 친권남용의 판단에 있어서는 좀 더 구체적인 판단 기준을 제
시한다. 예컨대 판례는 친권자가 자(子)를 대리하는 법률행위는 친
권자와 자(子) 사이의 이해상반행위에 해당하지 않는 한, 그것을
할 것인가 아닌가는 자(子)를 위하여 친권을 행사하는 친권자가 자
(子)를 둘러싼 여러 사정을 고려하여 행할 수 있는 재량에 맡겨진
것으로 보아야 하나, 친권자가 자(子)를 대리하여 행한 자(子) 소유
의 재산에 대한 처분행위에 대해서는 그것이 사실상 자(子)의 이익
을 무시하고 친권자 본인 혹은 제3자의 이익을 도모하는 것만을
목적으로 하여 이루어졌다고 하는 등 친권자에게 자(子)를 대리할
권한을 수여한 법의 취지에 현저히 반한다고 인정되는 사정이 존
재하는 경우에는 친권자에 의한 대리권의 남용에 해당한다고 본
다.[31] 즉 미성년인 자(子)의 재산에 대한 친권자의 처분행위가 친
권의 남용에 해당하는지 여부는 그 처분을 둘러싼 친권자와 자(子)
사이의 이해상반 여부, 위 처분과 관련한 이해당사자들 사이의 이
해관계의 조율 기타 그 처분에 이르기까지의 경위와 관련 이해당
사자들의 입장과 의사 등 <u>주관적 · 객관적 사정들을 합하여 종합적
인 관점에서 예외적으로 친권의 남용에 해당한다고 볼 만한 사정
이 적극적으로 증명되었는지에 따라 판단한다.</u>[32]

대상판결의 사안의 경우에 매매계약 체결 당시 위 X 부동산의
시가가 매매대금 3,000만 원의 5배 이상에 달하는 165,443,500원

---

30) 대법원 2011.12.22. 선고 2011다64669 판결.
31) 대법원 2009.1.30. 선고 2008다873731 판결.
32) 대법원 2009.1.30. 선고 2008다73731 판결.

에 이른다는 점, 이 사건 매매계약 당시 원고는 만 18세로서 만일 그 상속재산을 C에게 시가의 1/5에도 미치지 못하는 가격으로 처분한다는 사실을 알았더라면 경험칙상 그 처분행위에 동의하지 않았을 것으로 보이는 점, 원고가 2012.5.18. C를 상대로 위 소유권이전등기의 말소청구의 소를 제기하자 C가 2013.8.26. 이 사건 각 부동산에 관하여 D 앞으로 2013.8.22. 매매를 원인으로 하는 소유권이전등기를 마쳐 준 점 등을 종합하여 보면, 친권남용에 해당한다고 판단된다. 요컨대 친권자인 A가 甲 등을 대리하여 체결한 이 사건 매매계약은 사실상 원고의 이익을 무시하고 친권자 본인 또는 제3자인 C의 이익을 도모하는 것만을 목적으로 하여 이루어진 것으로서, 친권자에게 그 자(子)를 대리할 권한을 수여한 법의 취지에 현저히 반한다고 인정되는 특별한 사정이 존재하는 경우에 해당한다고 볼 수 있을 것이다.

3) 검 토

대리권 남용이 문제되는 경우에 특별한 사정이 없는 한 임의대리와 법정대리를 구분하여 판단할 이유가 없으므로 친권남용이 문제된 경우에도 대리권 남용의 법리로 해결할 수 있을 것이다. 제한능력자 보호를 위하여 제한능력자를 위한 법정대리인이 대리권을 남용한 경우에는 상대방의 보호가치여부와 관계없이 대리의 효과를 부인하는 견해는 대리권 남용의 유형을 세분화하여 접근하는 입장으로 볼 여지가 있다. 그러나 이러한 해석은 다음과 같은 문제가 있다고 판단된다. 첫째, 대리권 남용의 기본적 구조는 '유권대리'를 전제로 하는데, 이 견해에 의하면 본인이 제한능력자인 경우에는 대리권 남용을 기본적으로 '무권대리'로 접근하는 듯한 인상을 주어 '대리권 남용'이라는 공통된 교집합을 완전히 다르게 취급하는 문제가 발생한다. 둘째, 상대방의 보호를 민법 제135조로만 해결하려는 그 발상 자체가 지나치게 단편적인 사고 구조라고 할 수 있으며 민법 제5조 이하의 제한능력자 보호법리와 비교해 보더라도 평가적 모순이 발생한다. 즉, 제한능력자는 민법 제5조 이하의 규정을 통해서 법률행위를 취소할 수 있는 것으로 보호되며 경우에 따라서는 그 취소권 등이 배제된다(민법 제17조 등). 그런데 대리권 남용의 경우에는 법정대리인이 정당한 대리권을 기초로 대리행위를 하였음에도 불구하고 그 대리행위가 무효가 되는데, 이는 결과적으로 입법자가 민법 제5조 이하에서 제한능력자를 보호하려고 했던 것보다 더 강한 보호를 하게 된다. 오히려 이러한 해석이야말로 입법자의 근본결단에 반하는 결과를 가져오는 것은 아닌지 하는 의문이 든다.

(3) 제107조 제1항 단서를 유추하는 경우 동조 제2항을 유추적용하여 선의의 제3자를 보호할 것인지 여부

1) 학 설

국내에서 이에 대한 논의는 많지 않다. 먼저 일부 견해는 대리권 남용의 문제를 신의칙 또는 무권대리의 법리에 기하여 해결하는 입장에 의하면 선의의 제3자는 보호될 수 없다[33]고 보는 반면에 민법 제107조 제1항 단서를 유추하는 입장에 의하면 동조 제2항에 의하여 선의의 제3자는 보호될 수 있다고 본다.[34]

반면에 일부 견해는 민법 제107조 제1항 단서를 유추하는 경우

33) 송덕수, "대리행위와 민법 제107조", 고시연구 제17권 제7호, 1990, 120면; 정상현, 앞의 논문, 271-271면.
34) 송덕수, 앞의 논문, 120면; 정상현, 앞의 논문, 268면.

에도 선의의 제3자의 보호에 관한 규정을 유추함은 해석의 범위를 넘어서는 법형성에 해당한다는 이유에서 민법 제107조 제2항을 유추하는 것에 대해 부정적이다.[35] 즉 이 견해는 "제3자의 신뢰를 어떤 요건하에서 어느 정도로 보호할 것인지는 입법정책의 문제이지만, 신뢰의 보호가 강행규정이나 민법의 근본결단에 우선할 수는 없음"을 전제로 "법률행위제도를 통하여 사적 자치를 기본원칙으로 승인한 민법하에서 거래의 안전, 즉 신뢰의 보호는 법의 테두리 안에서 법정요건을 충족한 경우에만 실현될 수 있고, 함부로 유추될 수 있는 것은 아니다"라고 주장한다. 이 견해는 설사 제107조 제2항이 유추되는 경우에도 제한능력자의 보호라는 제도의 취지가 몰각될 수 있다는 이유에서 제한능력자를 위한 법정대리의 경우에는 동조 제2항이 유추되어서는 안 된다고 본다.

2) 판 례

대상판결 이전에는 이 문제를 다루고 있는 판례가 존재하지 않는다. 대상판결은 대리권 남용(친권 남용 포함)에 의해 대리행위가 무효가 되는 경우에 선의의 제3자는 제107조 제2항의 유추를 통해 보호될 수 있음을 최초로 밝혔다.

3) 검 토

민법 제107조 제1항 단서에 의해 대리행위의 효과가 본인에게 귀속되지 않는 경우에 본인이 제한능력자인 경우에는 선의의 제3자보다 제한능력자를 더 보호해야 하는가? 물론 제한능력자는 거래의 안전을 희생시키더라도 보호해야 할 가치가 있다. 이런 이유

---

35) 지원림, "대리권의 남용과 선의의 제3자 — 대법원 2018.4.26. 선고 2016다3201 판결 —, 법률신문 2018.7.9자 평석.

에서 대법원 2007.11.16. 선고 2005다71659, 71666, 71673 판결에서도 "행위무능력자제도는 …… <u>거래의 안전을 희생시키더라도 행위무능력자를 보호하고자 함에 근본적인 입법취지가 있다</u>"고 본다. 이러한 이유에서 제한능력을 이유로 법률행위가 취소된 경우에는 선의의 제3자라도 보호되지 않는다. 그러나 대리권 남용에 의해 무효가 된 경우에는 다르다. 입법자는 민법 제5조 이하의 규정을 통해서 거래의 안전을 희생시켜 제한능력자를 보호하려고 한 것이다. 제한능력자의 법정대리인의 대리행위가 대리권 남용에 해당하여 그 대리의 효과가 본인에게 미치지 않는 것은 제한능력자 보호법리에 의한 결과가 아닌 '대리권 남용'의 법리에 의한 결과이다. 그런데 그 본인이 제한능력자라는 이유로 선의의 제3자를 보호할 수 없다고 본다면 본인이 누구인지에 따른 우연한 사정에 따라 제3자의 보호여부가 달라진다는 점에서 문제가 있다. 제한능력자는 이미 법률의 규정(민법 제921조 및 제949조의2, 제949조의3, 제950조 등)에 따른 법정대리인의 대리행위 등을 통해서 법의 보호를 받았다고 할 수 있다. 즉 제한능력자의 법정대리인이 정당한 절차에 따라 본인의 대리인으로서 법률행위를 체결하였다면 그 법률행위에 있어서 제한능력자의 보호문제는 원칙상 고려될 필요가 없다. 예컨대 제한능력자가 피성년후견인인 경우에 그 법정대리인이 후견감독인의 동의절차를 통해서 피성년후견인을 대리하였다면 그것으로 이미 제한능력자의 보호목적은 달성되었다고 보아야 할 것이다. 그 이후에 성년후견인의 대리행위가 대리권 남용이 되어 그 효과가 피성년후견인 본인에게 미치지 않게 된 것은 제한능력자 보호법리와는 전혀 다른 차원의 법리로 도출된 결과라는 점에서 제3자의 보호여부를 판단함에 있어서 제한능력자라는 보호의 틀을 적용해서는 안 될 것이다. 요컨대 민법 제5조 이하는 제한능력자를 위해 제3자의 권리를 보호하지 않겠다는 입법적 결단으로서의 완결적 규정(abschließende Regelung)이 아니다. 따라서 제한능력자의 법정대리인에 의한 대리권 남용으로 법률행위의 효과가 제한능력자에게 미치지 않는 경우에 선의의 제3자 보호의 문제는 민법 제5조 이하의 지배에서 벗어나 그 이익상황과 유사한 민법 제107조 제2항의 유추를 통해 해결할 수 있다.

(4) 제3자의 악의에 대한 증명책임

판례[36]와 마찬가지로 일반적으로 학설 또한 "제3자는 일반적으로 표의자의 비진의 비진의표시를 알 수 없는 입장에 있어 특별한 사정이 없는 한 선의로 추정된다"는 이유로 제3자의 악의를 주장하는 측에서 증명책임을 부담한다고 본다.[37] 그러나 선의를 사실상 추정하는 것과 악의의 증명책임을 부담하는 것은 별개의 문제라고 판단된다. 따라서 3자의 보호를 위해 제3자의 선의를 사실상 추정함은 별론으로 하고 조문 구조상 제3자가 본인의 선의를 증명하는 것으로 보는 것이 법문의 규정형식상 타당하다고 판단된다.[38] 따라서 대상판결이 민법 제107조 제2항이 유추되는 경우에도 제3자의 악의라는 사실에 관한 주장·증명책임은 대리권남용에 기하여 그 무효를 주장하는 자에게 있다고 일반화하는 것은 재고가 필요하다.

---

36) 대법원 2003.12.26. 선고 2003다50078 판결 등.

37) 편집대표 김용환(최성준 집필부분), 주석민법 총칙(2) 한국사법행정학회, 2010(제4판), 제107조 574면.

38) 지원림, 앞의 책, 229면에서도 동산거래와 관련하여 이러한 입장을 취한다.

3. 관련판례

종래 판례는 대표권 남용에 대해서도 대리권 남용의 법리에 따라 민법 제107조 제1항 단서를 유추적용하였다(대법원 1997.8.29. 선고 97다18059 판결 등). 예컨대 피고 은행에 예금을 갖고 있던 원고 공제조합의 대표자인 이사장이 공제조합의 영리목적과는 관계없이 이사장 자신의 이익을 도모할 목적으로 공제조합 명의의 예금담보대출을 받은 사안에서, 원고 공제조합이 피고 은행을 상대로 예금반환청구소송을 제기하자, 법원은 "대표이사가 대표권의 범위 내에서 한 행위는 설사 대표이사가 회사의 영리목적과 관계없이 자기 또는 제3자의 이익을 도모할 목적으로 그 권한을 남용한 것이라 할지라도 일단 회사의 행위로서 유효하고, 다만 그 행위의 상대방이 대표이사의 진의를 알았거나 알 수 있었을 때에는 회사에 대하여 무효가 되는 것이며, 이는 민법상 법인의 대표자가 대표권한을 남용한 경우에도 마찬가지"라고 판시하였다. 그런데 최근 대법원 2016.8.24. 선고 2016다222453 판결에서는 "주식회사의 대표이사가 대표권의 범위 내에서 한 행위는 설사 대표이사가 회사의 영리 목적과 관계없이 자기 또는 제3자의 이익을 도모할 목적으로 권한을 남용한 것이라도 일응 회사의 행위로서 유효하다. 그러나 행위의 상대방이 그와 같은 정을 알았던 경우에는 그로 인하여 취득한 권리를 회사에 대하여 주장하는 것이 신의칙에 반하므로 회사는 상대방의 악의를 입증하여 행위의 효과를 부인할 수 있다"고 하여 신의칙에 근거하여 대표행위의 효력을 제한하였다.39) 이러한 입장에 의하면 제107조 제1항 단서를 유추하는 경우

---

39) 참고로 대법원 1987.10.13. 선고 86다카1522 판결에서도 "주식회사의 대표이사가 그 대표권의 범위내에서 한 행위는 설사 대표이사가 회사의 영리

에 비하여 과실이 있는 상대방까지도 보호된다. 그러나 판례가 신의칙을 기초로 대표권의 효력을 부인하는 경우에 제3자를 보호할 것인지, 보호한다면 제3자가 어떠한 요건을 갖춘 경우에 보호할 것인지 등에 대한 2차적 문제가 발생한다는 점에서 향후 이에 대한 판례의 입장이 정리되기를 기대해 본다.

4. 대상판결의 의의

대상판결은 대리권이 남용된 경우에 민법 제107조 제1항 단서의 규정을 유추적용하여 행위의 효과가 본인에게 미치지 않는다고 보아 기존 법리를 확인하고 이러한 대리권 남용의 법리가 친권남용의 경우에도 그래도 적용될 수 있다는 점을 재확인하였다는 점에서 의의가 있다. 특히 대상판결은 제107조 제1항 단서가 유추적용되어 무효가 된 법률관계를 기초로 하여 새로운 법률상 이해관계를 맺은 선의의 제3자에 대하여는 같은 조 제2항의 규정을 유추적용하여 보호할 수 있다는 점을 최초로 밝혔다는 점에서 선례적 판결로서 의의를 가진다. 다만 판례는 대리권 남용의 문제를 전부 아니면 전무(All or Nothing)의 방법으로 해결하고 있으나 이러한 방법은 매우 다양한 대리권 남용의 유형을 해결하기에 한계가 있다. 향후 대리권 남용과 관련하여 다양한 이해관계를 형성하고 있는 자들 간의 법률관계를 어떻게 조정할 것인지에 대한 진지한 고

목적과 관계없이 자기 또는 제3자의 이익을 도모할 목적으로 그 권한을 남용한 것이라 할지라도 일응 회사의 행위로서 유효하고 다만 그 행위의 상대방이 그와 같은 정을 알았던 경우에는 그로 인하여 취득한 권리를 회사에 대하여 주장하는 것이 신의칙에 반하므로 회사는 상대방의 악의를 입증하여 그 행위의 효과를 부인할 수 있을 뿐이다"고 보아, 신의칙에 근거하여 대표행위의 효력여부를 판단하였다.

민을 통해 입법으로 대리권 남용의 문제가 해결되길 기대해 본
다.40)

---

40) 참고로 일본은 채권법 개정을 통해 일본 민법 제107조를 신설하여 "대리인
이 자기 또는 제3자의 이익을 도모할 목적으로 대리권의 범위 내의 행위를
한 경우에 상대방이 그 목적을 알았거나 할 수 있었던 때에는, 그 행위는 대
리권을 갖지 않은 자가 한 행위로 본다"고 규정하여 대리권 남용을 무권대
리로 보았다. 개정 경위에 대해서는 정상현, 앞의 논문, 266면 이하 참조.

참고문헌

곽윤직, 민법총칙, 박영사, 1999.

곽윤직 · 김재형, 민법총칙, 박영사, 2012.

김용한, 민법총칙론, 박영사, 1986.

김준호, 민법강의(제23판), 법문사, 2017.

김증한 · 김학동, 민법총칙, 박영사, 2001.

송덕수, "대리행위와 민법 제107조", 고시연구 제17권 제7호, 1990.

송덕수, 신민법강의, 박영사, 2017.

이동흡, "대표이사의 대리권남용행위", 재판자료 제38집, 회사법상의 제
    문제, 법원행정처, 1987.

이영준, 민법총칙, 박영사, 2007.

정상현, "대리권 남용행위의 유형분석에 따른 법률관계 재검토", 성균관
    법학 제29권 제1호, 2017.

정해상, "대리권남용에 대한 당사자의 책임이론", 중앙법학 제4집 제2호,
    중앙법학회, 2002.

지원림, "대리권의 남용과 선의의 제3자 ─ 대법원 2018.4.26. 선고 2016
    다3201 판결 ─", 법률신문 2018.7.9자 평석.

지원림, 민법강의(제14판), 홍문사, 2016.

최봉경, "민법에서의 유추와 해석 ─판례를 거울삼아 ─", 법철학연구 제
    12권 제2호, 2009.

편집대표 김용환, 주석민법 총칙(2) 한국사법행정학회, 2010(제4판).

하경효, "대리권 남용시의 대리효과 부인의 근거와 요건", 한국민법이론
    의 발전(Ⅰ), 총칙 · 물권편, 박영사, 1999.

伊藤 進,「代理権の踰越と濫用」, 駿河台法学 22巻 1号, 2008.

中島秀二,「濫用代理論批判」, 鈴木緑弥・徳本伸一 編,『財産法学の新展開』, 有斐閣, 1993.

Ulrich Jüngst, Der Mißbrauch organschaftlicher Vertretungsmacht, 1981.

Hans-Joachim Mertens, Die Schranken gesetzlicher Vertretungsmacht im Gesellschaftsrecht (unter besonderer Berücksichtigung von BGHZ 50, 112), Jura 1970, 466 ff.

Gerhard Tank, Der Mißbrauch von Vertretungsmacht und Verfügungsbefugnis, NJW 1969, 6 ff.

Karl Christian Vedder, Neues zum Missbrauch der Vertretungsmacht Vorsatzerfordernis, Anfechtbarkeit, negatives Interesse, JZ 2008, 1077 ff.

친권상실선고심판청구에 대한
친권의 일부 제한 심판 사례
―대법원 2018.5.25. 자 2018스520 결정―

조인선*

Ⅰ. 사실관계

　암으로 사망한 망 A(이하 '망인'이라 한다)는 2005.5.29. 상대방과 결혼식을 올리고 2006.2.7. 혼인신고를 마친 법률상 부부이고, 상대방과 망인은 결혼 이전부터 국책연구소 연구원 및 학원 강사로 각 근무해 왔고, 결혼 이후 대전에서 맞벌이 생활을 하였다. 망인과 상대방 사이에는 2006.8.8. 태어난 딸인 사건본인이 있었으며, 청구인은 망인의 친정아버지로서 사건본인의 외조부이다.

　망인과 상대방은 상대방의 어머니인 소외 2가 2011.5.경 상대방과 망인의 집(이하 '이 사건 아파트'라 한다) 인근으로 이사한 후 매일 이 사건 아파트에 방문하게 되면서 고부갈등이 증폭되었다. 망인

* YK법률사무소 변호사.

은 2012.5.경 직장암 진단을 받고 같은 달 22. 수술을 받았다. 망인이 수술 이후 항암치료를 받았는데 고부갈등으로 인해 상대방과 망인의 갈등도 심화되자 상대방은 2012.12.16. 이 사건 아파트에서 나와 소외 2의 집으로 들어가서 생활함으로써 상대방과 망인의 별거생활이 시작되었으나 재산분할 등 다툼으로 인해 협의이혼은 성립되지 않았다.

상대방은 별거 직후부터 휴양 중인 망인에게 이혼을 요구하는 한편, 망인은 학원 강사로 계속 일하면서 혼자서 사건본인을 양육하다가 2013.9.경 직장암이 재발하여 2013.10.15. 재수술을 받은 후에도 한 번 방문하였을 뿐 더 이상 재수술 후 항암치료를 계속 중이던 망인을 방문하지 않았으며, 2013.11.경 망인에게 알리지 않은 채 모친과 함께 이사를 하였다. 청구인은 2013.12.1. 상대방에게 "집으로 돌아가 망인과 사건본인을 돌봐 달라"는 취지의 문자메시지를 보냈는데, 이에 대해 상대방은 "사건본인은 자식이니 내가 키워야겠으나, 부부는 헤어지면 그만이고 이미 부부관계가 파탄 난 마당이니 망인을 나에게 떠넘기지 말라"는 취지로 답하였다.

망인은 2013.12.26. 상대방을 채무자로 하여 대전가정법원 2013즈단337호로 이혼에 기한 재산분할을 원인으로 한 소유권이전등기청구권을 피보전권리로 하여 이 사건 아파트에 대한 처분금지가처분(이하 '이 사건 가처분'이라 한다) 신청을 하였고, 같은 달 30. 인용결정을 받았다. 망인은 2014.6.경 전화로 상대방에게 양육비 지급을 요구하였고, 이에 상대방은 그 무렵부터 계좌이체를 통해 망인에게 월 30만 원씩을 지급하였다. 이후 상대방은 2014.9.1. 망인을 상대로 대전가정법원 2014즈기211호로 이 사건 가처분에 대한 제소명령신청을 하였다. 제소명령을 받은 망인은 2014.9.11. 상대방을 피고로 하여 대전가정법원 2014드단7519호로 이혼 등 청구의 소를 제기하였고, 이에 상대방은 망인을 상대로 같은 법원 2014드단52991호로 반소를 제기하였다(이하 위 본소와 반소를 통칭하여 '이 사건 이혼소송'이라 한다). 이 사건 이혼소송 중 망인은 가사소송법 제62조 제1항에 기해 사건본인의 양육을 위한 사전처분을 신청하여 2014.11.14. "상대방은 망인에게 양육비로 월 70만 원씩을 지급하라"는 결정을 받았다. 이 사건 이혼소송이 진행되던 중 망인은 2016.5.25. 직장암으로 사망하였고, 이로써 위 소송은 종료되었다.

한편 망인 사망 이후 청구인 부부가 이 사건 아파트에서 사건본인을 돌보게 되었는데, 상대방은 2016.6. 초경부터 내용증명으로 청구인 부부에게 위 아파트의 인도를 요구하였다. 청구인은 2016. 6.10. 이 사건 친권상실심판을 청구하였고, 이에 대응하여 상대방은 2016.6.27. 청구인 부부를 상대로 대전가정법원 2016느단10102호로 사건본인의 인도를 구하는 심판(유아인도)을 청구하였다. 망인과 상대방의 혼인 중 이야기가 2016.8.2. 보도된 후, 청구인 가족은 사건본인을 데리고 세종시에 있는 현재의 거주지로 이사하였다. 청구인은 이사 후 사건본인을 대전 소재 초등학교에서 세종 소재 초등학교로 전학시키려고 하였으나 친권자인 상대방이 이에 협조하지 않자, 2017.2.13. 대전가정법원 2017즈기1016호로 상대방의 친권행사를 일시 정지하고 청구인을 사건본인의 미성년후견인 직무대행자로 선임하는 심판을 받아 사건본인을 전학시켰다.

2006.8.8. 태어난 딸인 사건본인은 2015.1.경부터 이루어진 상대방과의 면접교섭 과정에는 상대방과 사이에 별다른 갈등이 없었는데, 망인이 사망한 이후 상대방과 망인의 그동안의 관계에 대하여 알게 되면서부터 상대방에게 적개심을 드러내고 상대방과 만나거나 통화하는 것을 거부하기 시작하였다. 사건본인은 청구인 가족과 같이 세종에 거주하며 안정적으로 학교생활을 하고 있는데,

상대방에 대하여는 여전히 강한 거부감을 표현하며 면접교섭조차
바라지 않고 있다.

II. 원심결정

이 사건 친권상실 심판청구에 관하여, 1심은 상대방은 사건본인
의 친권을 상실하고 청구인을 사건본인의 미성년후견인으로 선임
하는 판단을 하였으나, 원심은 부모로부터 친권을 박탈하는 친권
상실선고는 법원이 취할 수 있는 가장 강력한 수단으로 함부로 발
동해서는 아니 되고 그 선고에는 신중한 판단이 필요하다고 보아,
'상대방의 사건본인에 대한 친권 중 보호 · 교양권, 거소지정권, 징
계권, 기타 양육과 관련된 권한을 제한'하고, 사건본인에 대한 보
호 · 교양권, 거소지정권, 징계권, 기타 양육과 관련된 권한에 관하
여 청구인을 미성년후견인으로 선임하면서 그 미성년후견인이자
외조부인 청구인으로 하여금 매년 후견사무에 관한 보고서를 법원
에 제출하고, 상대방과 사건본인의 면접교섭이 진행될 수 있도록
적극 협조하되, 다만 면접교섭 여부 및 그 진행방식에 관하여 사건
본인의 의사를 존중하여 이를 진행하도록 결정하였다(대전고등법
원 2018.1.17. 자 2017브306 결정).

III. 대법원 결정

대법원도 부모로부터 친권을 박탈하는 친권상실선고는 법원이
취할 수 있는 가장 강력한 수단으로 함부로 발동해서는 아니 되고

그 선고에는 신중한 판단이 필요하다고 보아, 아래와 같은 사항에 대한 고려를 통해 상대방의 친권 중 '보호·교양권, 거소지정권, 징계권, 기타 양육과 관련된 권한'을 제한하고, 사건본인에 대한 '보호·교양권, 거소지정권, 징계권, 기타 양육과 관련된 권한'에 관하여 청구인을 미성년후견인으로 선임하면서 그 미성년후견인이자 외조부인 청구인으로 하여금 매년 후견사무에 관한 보고서를 법원에 제출하고, 상대방과 사건본인의 면접교섭이 진행될 수 있도록 적극 협조하되, 다만 면접교섭 여부 및 그 진행방식에 관하여 사건본인의 의사를 존중하여 이를 진행하도록 결정하였다(대법원 2018.5.25. 자 2018스520 결정).

우리 민법은, "가정법원은 부 또는 모가 친권을 남용하여 자녀의 복리를 현저히 해치거나 해칠 우려가 있는 경우에는 그 친권의 상실 또는 일시 정지를 선고할 수 있다"고 규정하는 한편(제924조 제1항), "가정법원은 거소의 지정이나 징계, 그 밖의 신상에 관한 결정 등 특정한 사항에 관하여 친권자가 친권을 행사하는 것이 곤란하거나 부적당한 사유가 있어 자녀의 복리를 해치거나 해칠 우려가 있는 경우에는 구체적인 범위를 정하여 친권의 일부 제한을 선고할 수 있다"고 규정하고(제924조의2), "제924조에 따른 친권 상실의 선고는 같은 조에 따른 친권의 일시 정지, 제924조의2에 따른 친권의 일부 제한 또는 그 밖의 다른 조치에 의해서는 자녀의 복리를 충분히 보호할 수 없는 경우에만 할 수 있다"고 규정한다(제925조의2 제1항). 한편 아동복지법은 제18조 제1항에서 친권상실사유로 친권남용뿐만 아니라 현저한 비행이나 아동학대, 그 밖에 친권을 행사할 수 없는 중대한 사유를 규정하고 있다.

따라서 친권상실선고를 위해서는, ① 친권남용, ② 현저한 비행, ③ 아동학대, ④ 그 밖에 친권을 행사할 수 없는 중대한 사유 중 하

나의 친권상실사유가 존재하고, 이로 말미암아 자녀의 복리를 현
저히 해치거나 해칠 우려가 있어야 한다. 반면에 친권자가 친권을
행사하는 것이 곤란하거나 부적당한 사유가 있지만 위에서 열거한
친권상실사유에까지 해당한다고 보기 어렵거나 친권의 일부 제한
등의 다른 조치에 의해 자녀의 복리를 충분히 보호할 수 있는 경우
에는 친권 전부를 상실시키는 선고를 하여서는 아니 되고, 이러한
경우 친권상실선고의 청구에도 불구하고 법원은 친권상실선고 대
신 친권의 일부 제한 등을 선고할 수 있다는 것이 대법원 결정의
요지이다.

　친권은 자녀의 복리실현을 위하여 법률에 의해서 부모에게 인정
된 실정법상의 의무인 동시에 권리이다. 따라서 부모는 자녀의 복
리에 적합하게 친권을 행사할 의무를 부담하고 이러한 의무에 위
반하여 자녀의 복리를 위태롭게 할 때에는 아동의 보호의무를 지
고 있는 국가가 개입하여 필요한 조치를 취해야만 하기 때문이다.

IV. 해 설

1. 대상결정의 논점

　대상결정은 사건본인의 외조부인 청구인이 청구한 비송사건인
친권상실선고 심판청구 사건에서 법원이 친권의 일부 제한 등을
선고할 수 있다고 판시하였다. 가사소송법 개정안이 통과될 경우
가사소송법상 가류 사건 내지 마류 사건의 분류가 사라지게 되겠
으나 현행 가사소송법은 소송물의 종류에 따라 진행하게 될 절차
를 법으로 정해 두고 있으며, 각 절차의 특성에 따라 법원의 직권

발동의 범위 내지 법원이 후견적으로 개입할 수 있는 범위에도 큰 차이가 있다. 이에 따라 친권의 상실만을 청구하고 있는 경우에도 민법이 정한 친권상실의 요건이 구비되었다고 보기 힘든 한편, 청구인의 친권상실청구의 취지 자체가 상대방의 사건본인에 대한 거소지정권 등을 포함하는 양육권을 제한하고자 하는 데 있다고 판단하기에 충분한 경우 법원은 친권자의 친권 중 일부를 제한하는 내용의 결정을 할 수 있다.

2011년 개정 민법에서는 친권이 부모의 절대적인 권리가 아니라, 자녀의 보호와 양육을 위한 부모의 의무이자 책임으로서의 성격이 더 강하다는 점을 확인하였다. 또한 자녀의 보호를 위하여 필요할 경우에는 국가가 적극적으로 후견적 역할을 해야 할 의무가 있다는 것을 분명히 하였다.[1] 이에 따라 각종의 특별법에서도 친권상실심판청구를 할 수 있는 경우를 법정하고 있으므로 이에 관하여도 살펴본다.

특히 대상결정 사안의 경우 상대방은 청구인에 대하여 유아인도의 반심판청구를 하고 있는 상황이었으므로 법원으로서는 상대방의 유아인도청구 부분에 대한 판단도 필요한 상황이었다. 이와 관련하여 유아인도청구 사건에 있어서 2006년생인 사건본인이 이미 초등학교에 진학하여 사건본인의 의사가 명확할 경우에 관한 법원의 판단방법 및 대상결정이 사건본인의 면접교섭에 관하여 판단한 취지 역시 살펴볼 필요가 있다.

나아가 최근 가정법원에서 조정을 통하여 부모 쌍방이 공동친권자로 지정되는 경우를 정함에 있어서 논의되는 일방의 친권의 일부 제한에 관하여도 언급하고자 한다.

---

1) 곽윤직, 『민법주해』(박영사, 1992), 480면.

2. 이론적 검토

가. 친권의 상실 내지 제한의 근거 ― 친권의 이중적 성격

친권은 자녀의 복리실현을 위하여 부모에게 부여된 권리이자 부과된 의무이다.[2] 따라서 부모는 친권을 포기할 수 없고 자녀의 복리에 적합하도록 자신의 친권을 행사하여야 할 의무가 있다. 만일 어떤 부모가 이를 위반하여 자녀의 복리를 해하거나 해할 우려가 있을 경우 국가는 그 친권행사에 개입하여 필요한 조치를 취해야만 하는바, 이러한 조치로 마련된 것이 친권상실선고, 친권제한선고 등이다. 그중 부모로부터 친권을 박탈하는 친권상실선고는 국가가 친권의 행사에 개입하는 정도가 가장 강력한 것이므로 이를 선고함에 있어서는 자녀의 복리를 위하여 그것이 최선인지를 신중하게 고려하여야 한다(대전가정법원 2018.10.10. 자 2018느단10074 심판). 친권은 자의 복지에 직접적인 영향을 미치기 때문이다(대법원 2012.4.13. 선고 2011므4719 판결). 따라서 부모는 자녀의 복리에 적합하게 친권을 행사할 의무를 부담한다. 만일 부모의 의무 위반으로 인하여 자녀의 복리가 위태롭게 될 경우 아동보호의무를 부담하는 국가가 개입하여 자녀를 보호하는 조치를 취할 것이 요구되는데 부모로부터 친권을 박탈하는 친권상실선고는 국가가 취할 수 있는 조치 가운데 가장 강력한 수단에 해당한다.[3]

다만, 친권상실이 자녀의 복리를 위한 것이므로 법원이 친권상실을 선고하기 위해서는 부모의 친권을 상실시키고 후견이 개시되는 것이 자의 성장과 발달에 더 유리한 것인지, 아니면 부모의 친권을 유지하는 것이 자의 복리 실현에 도움이 되는지 여부를 비교,

---

2) 곽윤직, 『민법주해』(박영사, 1992), 566면.
3) 곽윤직, 『민법주해』(박영사, 1992), 480면.

형량하여야 한다.4)

나. 친권상실선고의 보충성

- 개정 민법상 친권의 일부 제한규정 신설 및 비송사건의 특성

친권상실선고는 친권의 일시 정지(민법 제924조), 친권의 일부 제한(민법 제924조의 2), 법률행위의 대리권·재산관리권의 상실선고(민법 제925조) 등과 같은 조치에 의해서는 자녀의 복리를 충분히 행사할 수 없는 경우에만 할 수 있다고 규정하고 있다(민법 제925조의2 제1항).5) 따라서 청구인이 친권상실을 청구하였는데 친권의 일

---

4) 곽윤직, 『민법주해』(박영사, 1992), 569면.

5) 민법 제924조(친권의 상실 또는 일시 정지의 선고) ① 가정법원은 부 또는 모가 친권을 남용하여 자녀의 복리를 현저히 해치거나 해칠 우려가 있는 경우에는 자녀, 자녀의 친족, 검사 또는 지방자치단체의 장의 청구에 의하여 그 친권의 상실 또는 일시 정지를 선고할 수 있다.

② 가정법원은 친권의 일시 정지를 선고할 때에는 자녀의 상태, 양육상황, 그 밖의 사정을 고려하여 그 기간을 정하여야 한다. 이 경우 그 기간은 2년을 넘을 수 없다.

③ 가정법원은 자녀의 복리를 위하여 친권의 일시 정지 기간의 연장이 필요하다고 인정하는 경우에는 자녀, 자녀의 친족, 검사, 지방자치단체의 장, 미성년후견인 또는 미성년후견감독인의 청구에 의하여 2년의 범위에서 그 기간을 한 차례만 연장할 수 있다.

제924조의2(친권의 일부 제한의 선고) 가정법원은 거소의 지정이나 징계, 그 밖의 신상에 관한 결정 등 특정한 사항에 관하여 친권자가 친권을 행사하는 것이 곤란하거나 부적당한 사유가 있어 자녀의 복리를 해치거나 해칠 우려가 있는 경우에는 자녀, 자녀의 친족, 검사 또는 지방자치단체의 장의 청구에 의하여 구체적인 범위를 정하여 친권의 일부 제한을 선고할 수 있다.

제925조(대리권, 재산관리권 상실의 선고) 가정법원은 법정대리인인 친권자가 부적당한 관리로 인하여 자녀의 재산을 위태롭게 한 경우에는 자녀의 친족, 검사 또는 지방자치단체의 장의 청구에 의하여 그 법률행위의

시 정지나 일부 제한으로 자녀를 보호할 수 있다고 판단되는 때에
는 법원은 친권상실의 선고 대신 친권의 일시 정지나 일부 제한을
선고할 수 있다. 이와 마찬가지로 친권상실선고를 청구하였는데
친권의 일부인 대리권·재산관리권의 상실선고를 할 수 있다. 그
러나 청구인이 친권의 일시 정지 또는 친권의 일부 제한만을 청구
한 경우에 법원이 친권상실의 사유가 있다고 판단하여 친권상실선
고를 할 수는 없다고 보고 있으며6) 법률행위의 대리권·재산관리
권의 상실선고를 청구한 경우에 친권상실선고를 할 수는 없다. 특
히 자녀가 2인 이상이 있는 경우에 그중 1인의 자녀에 대해서만 친
권상실사유가 있는 경우에는 그 자녀에 대한 친권에 한하여 상실
선고를 청구할 수 있다.7)

　대상결정은 이와 같은 견지에서 사건본인의 외조부인 청구인이
친권상실만을 청구한 경우라고 하더라도 가정법원이 민법 제925
조의2의 판단 기준을 참작하여 친권 상실사유에는 해당하지 않지
만 자녀의 복리를 위하여 친권의 일부 제한이 필요하다고 볼 경우
청구취지에 구속되지 않고 친권의 일부 제한을 선고하였다.

대리권과 재산관리권의 상실을 선고할 수 있다.
　제925조의2(친권 상실 선고 등의 판단 기준) ① 제924조에 따른 친권 상실
　의 선고는 같은 조에 따른 친권의 일시 정지, 제924조의2에 따른 친권의
　일부 제한, 제925조에 따른 대리권·재산관리권의 상실 선고 또는 그 밖
　의 다른 조치에 의해서는 자녀의 복리를 충분히 보호할 수 없는 경우에
　만 할 수 있다.
　② 제924조에 따른 친권의 일시 정지, 제924조의2에 따른 친권의 일부
　제한 또는 제925조에 따른 대리권·재산관리권의 상실 선고는 제922조
　의2에 따른 동의를 갈음하는 재판 또는 그 밖의 다른 조치에 의해서는 자
　녀의 복리를 충분히 보호할 수 없는 경우에만 할 수 있다.
6) 법원행정처, 법원실무제요 가사(Ⅱ)(법원행정처, 2010), 564면.
7) 곽윤직, 『민법주해』(박영사, 1992), 578면.

다. 대상결정이 친권의 일부 제한을 선고한 이유 ― 사건본인의 복리

친권상실선고를 위해서는, ① 친권남용, ② 현저한 비행, ③ 아
동학대, ④ 그 밖에 친권을 행사할 수 없는 중대한 사유 중 하나의
친권상실사유가 존재하여야 하는데 대상결정은 상대방에게는 ①
친권남용, ② 현저한 비행, ③ 아동학대, ④ 그 밖에 친권을 행사할
수 없는 중대한 사유가 모두 존재하지 아니한다고 보았다. ① 망인
의 사망 이전에 상대방이 망인을 잘 돌보아 달라는 청구인의 부탁
에도 불구하고 이사를 한다는 연락도 없이 어머니와 함께 이사를
한 사정이 있다고 하더라도 이로 인하여 사건본인에게 어떠한 경
제적 이해관계 등의 차이가 생기지 아니하므로 상대방의 사건본인
에 대한 친권남용이 있었다고 보기는 어려운 경우에 해당하며, ②
현저한 비행 내지 ③ 아동학대가 있었다고 볼 수도 없는 사정이 존
재하였다.

④ 그 밖에 친권을 행사할 수 없는 중대한 사유의 존부와 관련하
여, 대상결정은 원심결정에서 고려한 요소로서, 상대방은 망인과
의 별거 중에도 망인에게 수차례 "망인이 사건본인을 양육하는 것
이 힘들다면 내가 양육하겠다"며 사건본인에 대한 양육의사를 밝
혔고, 망인 사망 이후에도 일관되게 청구인 가족에게 이러한 양육
의사를 밝힌 점, 사건본인은 망인 사망 이전에는 상대방과 비교적
원만한 관계를 유지하다가 망인이 사망하면서부터 상대방에게 심
한 거부감을 보이고 있는데, 이는 상대방의 망인에 대한 태도와 처
우로 인한 것이지, 상대방이 사건본인 자신에게 가혹행위, 기타 부
당한 행위를 하였기 때문은 아닌 것으로 보이는 점, 상대방에게 정
신적으로나 육체적으로 어떠한 문제가 있다고 보이지 않고, 그 밖
에 상대방이 사건본인에 대한 친권을 행사하는 데 장애가 될 만한
개인적 소질이 있는 것으로 보이지는 않는 점 등에 비추어 상대방

이 망인의 경제적 지원 요청을 거부하고 망인으로 하여금 투병생활을 하다가 사망하도록 방치한 것이 망인에 대한 관계에서 비난받아 마땅한 경우에 해당하기는 하지만, 그렇다고 하여 사건본인에 대한 관계에서 그 밖에 친권을 행사할 수 없는 중대한 사유가 존재하는 경우에 해당하지는 아니한다고 보았다.

그렇다면 청구인의 친권상실 청구는 그 친권상실을 선고할 법률요건을 갖추지 못하여 단순히 기각되어야 하는 것인지 문제된다. 그러나, 대상결정이 적절하게 근거를 제시하였듯이, 가사소송규칙 제93조는 (마)류 가사비송사건에 대하여 가정법원이 가장 합리적인 방법으로 청구의 목적이 된 법률관계를 조정할 수 있는 내용의 심판을 하도록 하고 있고(제1항), 금전의 지급이나 물건의 인도, 기타 재산상의 의무이행을 구하는 청구에 대하여는 청구취지를 초과하여 의무의 이행을 명할 수 없다고 하면서도 자녀의 복리를 위하여 양육에 관한 사항을 정하는 경우를 제외하고 있다(제2항).

이와 관련하여, 민법 제837조, 제909조 제4항, 가사소송법 제2조 제1항 제2호 나목의 3) 및 5) 등이 부부의 이혼 후 그 자의 친권자와 그 양육에 관한 사항을 각기 다른 조항에서 규정하고 있는 점 등에 비추어 보면, 이혼 후 부모와 자녀의 관계에 있어서 친권과 양육권이 항상 같은 사람에게 돌아가야 하는 것은 아니며, 이혼 후 자에 대한 양육권이 부모 중 어느 일방에, 친권이 다른 일방에 또는 부모에 공동으로 귀속되는 것으로 정하는 것은, 비록 신중한 판단이 필요하다고 하더라도, 일정한 기준을 충족하는 한 허용된다(대법원 2012.4.13. 선고 2011므4719 판결).

라. 친권상실청구에 관하여 규정한 개별 법령

1) 아동학대범죄의 처벌 등에 관한 특례법

제9조(친권상실청구 등)

① 아동학대행위자가 제5조 또는 제6조의 범죄를 저지른 때에는 검사는 그 사건의 아동학대행위자가 피해아동의 친권자나 후견인인 경우에 법원에 「민법」 제924조의 친권상실의 선고 또는 같은 법 제940조의 후견인의 변경 심판을 청구하여야 한다. 다만, 친권상실의 선고 또는 후견인의 변경 심판을 하여서는 아니 될 특별한 사정이 있는 경우에는 그러하지 아니하다.

② 검사가 제1항에 따른 청구를 하지 아니한 때에는 아동보호전문기관의 장은 검사에게 제1항의 청구를 하도록 요청할 수 있다. 이 경우 청구를 요청받은 검사는 요청받은 날부터 30일 내에 그 처리 결과를 아동보호전문기관의 장에게 통보하여야 한다.

③ 제2항 후단에 따라 처리 결과를 통보받은 아동보호전문기관의 장은 그 처리 결과에 대하여 이의가 있을 경우 통보받은 날부터 30일 내에 직접 법원에 제1항의 청구를 할 수 있다.

2) 아동·청소년의 성보호에 관한 법률

제23조(친권상실청구 등)

① 아동·청소년대상 성범죄 사건을 수사하는 검사는 그 사건의 가해자가 피해아동·청소년의 친권자나 후견인인 경우에 법원에 「민법」 제924조의 친권상실선고 또는 같은 법 제940조의 후견인 변경 결정을 청구하여야 한다. 다만, 친권상실선고 또는 후견인 변경 결정을 하여서는 아니 될 특별한 사정이 있는 경우에는 그러하지 아니하다.

② 다음 각 호의 기관·시설 또는 단체의 장은 검사에게 제1항

의 청구를 하도록 요청할 수 있다. 이 경우 청구를 요청받은 검사는 요청받은 날부터 30일 내에 해당 기관·시설 또는 단체의 장에게 그 처리 결과를 통보하여야 한다.

1. 「아동복지법」 제45조에 따른 아동보호전문기관

2. 「성폭력방지 및 피해자보호 등에 관한 법률」 제10조의 성폭력피해상담소 및 같은 법 제12조의 성폭력피해자보호시설

3. 「청소년복지 지원법」 제29조 제1항에 따른 청소년상담복지센터 및 같은 법 제31조 제1호에 따른 청소년쉼터

③ 제2항 각 호 외의 부분 후단에 따라 처리 결과를 통보받은 기관·시설 또는 단체의 장은 그 처리 결과에 대하여 이의가 있을 경우 통보받은 날부터 30일 내에 직접 법원에 제1항의 청구를 할 수 있다.

3) 아동복지법

제18조(친권상실 선고의 청구 등)

① 시·도지사, 시장·군수·구청장 또는 검사는 아동의 친권자가 그 친권을 남용하거나 현저한 비행이나 아동학대, 그 밖에 친권을 행사할 수 없는 중대한 사유가 있는 것을 발견한 경우 아동의 복지를 위하여 필요하다고 인정할 때에는 법원에 친권행사의 제한 또는 친권상실의 선고를 청구하여야 한다.

② 아동복지시설의 장 및 「초·중등교육법」에 따른 학교의 장(이하 "학교의 장"이라 한다)은 제1항의 사유에 해당하는 경우 시·도지사, 시장·군수·구청장 또는 검사에게 법원에 친권행사의 제한 또는 친권상실의 선고를 청구하도록 요청할 수 있다.

③ 시·도지사, 시장·군수·구청장 또는 검사는 제1항 및 제2항에 따라 친권행사의 제한 또는 친권상실의 선고 청구를 할 경우 해당 아동의 의견을 존중하여야 한다.

④ 시·도지사, 시장·군수·구청장 또는 검사는 제2항에 따라 친권행사의 제한 또는 친권상실의 선고 청구를 요청받은 경우에는 요청받은 날부터 30일 내에 청구 여부를 결정한 후 해당 요청기관에 청구 또는 미청구 요지 및 이유를 서면으로 알려야 한다.

⑤ 제4항에 따라 처리결과를 통보받은 아동복지시설의 장 및 학교의 장은 그 처리결과에 대하여 이의가 있을 경우 통보받은 날부터 30일 내에 직접 법원에 친권행사의 제한 또는 친권상실의 선고를 청구할 수 있다.

마. 유아인도심판청구에 있어서 사건본인의 의사

유아인도를 명하는 재판의 집행절차(재특 82-1)에서는 "유아 인도의 강제집행은 민사집행법 제257조의 유체동산인도청구권의 집행절차에 준하여 집행관이 이를 강제집행하게 할 수 있다. 이 경우 집행관은 일반 동산의 경우와 달리 수취할 때에 세심한 주의를 하여 인도에 어긋남이 없도록 하여야 한다. 다만, **그 유아가 의사능력이 있는 경우에 유아 자신이 인도를 거부하는 때에는 집행할 수 없다**"라고 규정[법원행정처, 법원실무제요 가사(Ⅱ)(법원행정처, 2010) 541면]하고 있다.

바. 친권행사를 제한하는 경우의 실무상 처리방법

친권행사가 제한되는 경우 대법원 규칙인 가정보호심판규칙에 따라 다음과 같이 처리된다.

제46조(친권행사의 제한)

①친권행사의 제한결정을 함에는 친권, 법률행위대리권 또는 재산관리권의 전부 또는 일부의 행사를 정지할 수 있다.

②제1항의 결정을 한 때에는 판사는 지체 없이 가족관계등록사

무를 관장하는 자에게 가족관계등록부 기록을 촉탁하여야 한다.

　③가족관계등록부 기록의 촉탁에 관하여는 「가사소송규칙」 제5
조 제2항, 제6조를 준용한다.

3. 관련판례

가. 대법원 2018.4.17. 자 2017스630 결정

　「국제적 아동탈취의 민사적 측면에 관한 협약」(이하 '협약'이라
한다)과 그 이행 법률인 「헤이그 국제아동탈취협약 이행에 관한 법
률」(이하 '법'이라 한다)에 의하면, 아동의 대한민국으로의 불법적인
이동 또는 유치로 인하여 협약에 따른 양육권이 침해된 경우 법원
에 아동의 반환을 구할 수 있고(법 제12조 제1항), 법원은 아동의 복
리를 최우선으로 고려하여 신속하게 처리하여야 한다(법 제3조).

　한편 법원은 아동의 불법적인 이동 등으로 양육권이 침해된 경
우에도 법 제12조 제4항 제3호에서 정한 "아동의 반환으로 인하여
아동이 육체적 또는 정신적 위해에 노출되거나 그 밖에 견디기 힘
든 상황에 처하게 될 중대한 위험이 있는 사실"이 있을 경우에는
반환청구를 기각할 수 있다(법 제12조 제4항).

　법 제12조 제4항 제3호의 반환예외사유는 아동의 신속한 반환
으로 인하여 오히려 아동의 구체적이고, 개별적인 복리가 침해되
어 발생할 위해를 방지하기 위한 것으로, 그 해석에 있어서는 아동
의 권익이 일방 부모의 양육권이나 절차의 신속성 등보다 우선하
여 고려되어야 한다.

　따라서 중대한 위험에는 청구인의 아동에 대한 직접적인 폭력이
나 학대 등으로 아동의 심신에 유해한 영향을 미칠 우려가 있는 경
우뿐만 아니라 상대방인 일방 부모에 대한 잦은 폭력 등으로 인하

여 아동에게 정신적 위해가 발생하는 경우와 상거소국에 반환될 경우 오히려 적절한 보호나 양육을 받을 수 없게 되어 극심한 고통을 겪게 되는 경우를 포함한다.

반환청구를 받은 법원은 위와 같은 사정 이외에도 그 위험의 정도와 반복될 우려가 있는지 여부, 아동의 반환 전후 양육에 관한 구체적 환경, 반환이 아동에게 미칠 심리적, 육체적 영향 등 기타 일체의 사정을 종합적으로 검토하되 청구인과 상대방의 양육권 등을 고려하여 아동에 대한 최선의 이익이 무엇인지와 반환이 오히려 아동의 복리에 심각한 침해가 되는지 여부를 판단하여야 한다.

나. 대전가정법원 2018.10.18. 자 2018느단10074 심판

갑이 대한불교조계종 사찰의 행자로 수행 중에 협의이혼하면서 을의 친권자로 지정되었는데, 대한불교조계종의 출가자등록자격에 미성년 자녀가 있는 경우 친권 및 양육권을 포기하여야 한다고 정하고 있어 을에 대한 친권을 포기하기 위하여 갑의 모친이 갑을 상대로 을에 대한 친권상실을 청구한 사안이다.

갑에게 문제될 수 있는 친권상실의 사유는 민법이 정하는 "친권을 남용하여 자녀의 복리를 해할 우려가 있는지 여부"라고 할 것인데, 민법 제924조에서 말하는 '우려'는 행위자의 과거 행태나 현재 성향 등에 비추어 객관적으로 예측되는 우려를 말하는 것이지, 그가 장래에 친권을 제대로 행사하지 않을 주관적인 의사를 표명하였다고 하여 이러한 우려가 있다고 볼 수는 없는 점, 갑의 경우 이혼하기 전부터 사찰에 들어가 수행생활을 하고 있었기는 하나, 수행생활을 한다는 사정이 친권을 행사할 수 없는 중대한 사유라고 보기는 어려운 점, 수행생활 중 협의를 통하여 갑 스스로 을의 친권 및 양육자로 지정된 점, 모친이 양육보조자로 도움을 주고 있는 점에 비추어, 갑에게 친권남용의 객관적 우려가 있다고 하기는 어려우므로, 민법 등이 정하는 친권상실사유가 있다고 보기 어렵다고 판단하였다(대전가정법원 2018.10.18. 자 2018느단10074 심판).

다. 서울가정법원 2013.2.22. 자 심판

- 친권상실의 요건이 구비된 것으로 판단한 사례

갑이 미혼모자가족복지시설에 입소한 후 입양관계자 등을 통해 출생 전인 을의 입양을 추진하여 을은 출생 후 곧바로 미국 국적의 부부 병 등에게 인도되었는데, 병 등이 입양 목적의 이민비자 없이 비자면제프로그램을 이용하여 을을 미국으로 입국시키려다 미국 출입국관리소에 의해 을의 입국이 불허되었고, 이에 서울특별시장이 아동복지법에 근거하여 갑을 상대로 갑의 을에 대한 친권상실 및 을의 후견인 선임을 청구한 사안에서, 국제사법이 입양은 입양 당시 양친의 본국법에 의하고(제43조), 입양에 의한 친자관계의 성립에 관하여 자의 본국법이 자 또는 제3자의 승낙이나 동의 등을 요건으로 할 때에는 그 요건도 갖추어야 한다(제44조)고 정하고 있으므로, 아동복지법상 보호대상아동으로서 어머니인 갑이 입양에 동의하여 국민기초생활보장법에 의한 보장시설인 미혼모자가족복지시설에 보호 의뢰된 을의 입양에 관한 절차는 구 입양촉진 및 절차에 관한 특례법(2011.8.4. 법률 제11007호 입양특례법으로 전부 개정되기 전의 것)에 따라야 하는데도, 외국인으로서 45세가 넘은 병 등이 위 특례법에 따른 해외입양기관 허가를 받지 않은 시설을 통하여 보건복지부장관에게서 을의 해외이주에 관한 허가도 받지 아니한 채 입양관계자에게 금전을 지급하면서 입양을 시도하고 비자면제프로그램을 이용하여 을을 미국에 입국시키는 방법으로 을을 입양하려고 한 점, 갑은 위 특례법상 요건·절차 등을 위반하여 입양을 시도하는 병 등에게 협조하고 금전을 받았으며, 현재도 을을 양육할 능력이 없다고 진술하면서 병 등이 을을 양육하는 것에 대하여 아무런 이의를 제기하지 아니하는 점 등에 비추어, 갑에게 친권을 행사할 수 없는 중대한 사유가 있고 갑의 을에 대한 친권을 상실시키는 것이 을의 복지를 위하여 필요하다고 판단한 사례도 있다.

4. 대상결정의 의의

대상결정은 개정 민법이 친권상실선고는 친권의 일시 정지(민법 제924조), 친권의 일부 제한(민법 제924조의2), 법률행위의 대리권·재산관리권의 상실선고(민법 제925조) 등과 같은 조치에 의해서는 자녀의 복리를 충분히 행사할 수 없는 경우에만 할 수 있다고 규정한 취지를 고려하였다는 데 큰 의의가 있다(민법 제925조의2 제1항). 사건본인의 복리를 위해 가사소송규칙 제93조는 (마)류 가사비송사건에 대하여 가정법원이 가장 합리적인 방법으로 청구의 목적이 된 법률관계를 조정할 수 있는 내용의 심판을 하도록 하고 있고(제1항), 금전의 지급이나 물건의 인도, 기타 재산상의 의무이행을 구하는 청구에 대하여는 청구취지를 초과하여 의무의 이행을 명할 수 없다고 하면서도 자녀의 복리를 위하여 양육에 관한 사항을 정하는 경우를 제외하고 있는 점(제2항) 또한 대상결정에서 사건본인의 복리를 위하여 상대방의 친권은 상실하지 않도록 하면서도, 사건본인의 외조부인 청구인이 사위인 상대방의 친권상실선고심판청구에 대하여 친권상실을 선고하지는 아니하였으나, 이미 본인의 의사를 명확하게 말할 수 있는 사건본인의 의사와 복리를 고려하여 상대방의 거소지정권, 징계권 등을 제한하였다.

참고문헌

곽윤직, 『상속법』(박영사, 1997).

김주수 · 김상용, 『친족 · 상속법[제14판]』(법문사, 2017).

송덕수, 『친족상속법[제3판]』(박영사, 2017).

신영호 · 김상훈, 『가족법강의[제3판]』(세창출판사, 2018).

윤진수, 『친족상속법강의[제2판]』(박영사, 2018).

이경희, 『가족법[9정판]』(법원사, 2017).

권재문, "친권의 제한 · 정지 제도 도입을 위한 검토사항", 가족법연구 제 28권 제1호, 한국가족법학회, 2014.

김상용, "이혼시 양육권과 친권이 분할 귀속된 경우 양자의 관계", 가족 법연구 Ⅱ, 법문사, 2006.

박주영, "아동학대에 대한 사법개입의 강화 — 일본의 개정민법 및 아동 복지법의 내용을 중심으로", 홍익법학 제16권 제1호, 홍익대학교 법학 연구소, 2015.

박주영, "학대피해아동에 대한 단기간의 분리보호 및 친권제한조치 — 아 동학대특례법을 중심으로 —", 법학연구 제58집, 전북대학교 법학연구 소, 2018.

백경희, "아동학대에 대한 친권 제한의 실효적 적용에 관한 고찰 — 일본 의 아동학대 방지 관련 법제와의 비교를 중심으로," 법학연구 제57조 제2호, 부산대학교 법학연구소, 2016.

백경희 · 김자영, "친권의 제한에 관한 개정 민법의 검토 — 신분적 효력을 중심으로", 부산대 법학연구 55권 4호, 부산대학교 법학연구소, 2014.

백승흠, "아동의 최선의 복리와 친권의 제한에 관한 유럽인권재판소 판결

의 검토 ─ LOBBEN AND OTHER v. NORWAY 판결을 중심으로 ─",
국제사법연구 제23권 제2호, 한국국제사법학회, 2017.

윤진수 · 현소혜, "부모의 자녀 치료거부 문제 해결을 위한 입법론", 법조
680호, 2013.

헤이그 아동탈취협약의 적용상
중대한 위험의 판단
―대법원 2018.4.17. 자 2017스630 결정―

곽민희*

Ⅰ. 사실관계

재일교포 3세인 X(청구인, 父)와 한국에서 출생하여 성장한 Y(상대방, 母)는 2006.4.13. 일본에서 혼인을 한 후 일본에서 생활을 해왔고, 그 사이에 2007.1.2.생인 사건본인 A와 2009.6.1.생인 사건본인 B를 자녀로 두고 있다. X와 Y는 2016.6.28. 부부싸움을 하였고, Y는 그다음 날 사건본인들을 데리고 집을 나와 X의 동의 없이 사건본인 A, B를 데리고 대한민국에 입국하였다. Y는 입국 이후 현재까지 서울에 위치한 언니의 집에서 사건본인들과 거주하고 있고, 사건본인들은 2016.9.1.부터 한국에서 초등학교에 다니고 있다. X는 우리나라의 헤이그 아동탈취협약의 가입에 따른 헤이그

---

* 숙명여자대학교 법과대학 교수, 법학박사.

아동탈취협약 이행에 관한 법률에 근거하여 사건본인들의 반환을 청구하였다.

Ⅱ. 원심판결

제1심법원은 헤이그 국제아동탈취협약 이행에 관한 법률 제12조 제4항 제3호상의 반환예외사유를 인정하여 X의 반환청구를 기각하였다.[1] 이에 X는 제1심 심판을 취소하고 사건본인들을 반환하라는 청구취지로 항고하였다.

이에 대해 원심[2]은 우선 상대방 Y는 일본에 상거소를 가지고 있는 사건본인들을 한국으로 이동시킴으로써 사건본인들의 공동양육자인 청구인의 양육권을 침해하였고 이는 국제적 아동탈취의 민사적 측면에 관한 헤이그 협약 및 헤이그 국제아동탈취협약 이행에 관한 법률에서 정한 불법적인 아동의 이동에 해당하므로 Y는 동 협약 제3조, 제12조 및 동 이행법률 제12조 제1항에 따라 사건본인들을 반환할 의무가 있음을 확인하였다. 그러나 원심은 기록 및 심문 전체에 의하여 인정되는 다음과 같은 사정에 의해 X의 반환청구를 기각하는 결정을 내렸다. 즉, X의 Y에 대한 폭언과 폭행에 대한 사건본인 자녀들의 목격과 그로 인한 정신적 고통 및 X에 대한 부정적 감정을 가지게 되었다는 점을 지적하였다. 나아가 자녀가 일본으로 반환될 경우 Y가 가정폭력 가해자인 X가 거주하는 일본으로 자녀와 함께 돌아가기 쉽지 않다는 점과 재차 폭행가능성과 그 결과 사건본인인 자녀들이 역시 정신적 고통을 겪을 수 있

---

1) 서울가정법원 2017.4.21. 자 2016느단52500 심판.
2) 서울가정법원 2017.10.18. 자 2017브30068 결정.

다는 점을 인정하였다. 반면, 자녀들이 한국생활에 잘 적응하고 있고 일본에서의 생활보다 선호하고 있는 점을 종합하여 자녀를 일본으로 반환할 경우 그의 실체적 복리에 악영향을 끼칠 우려가 있고, 자녀 A와 B를 분리시켜 반환하는 것 역시 마찬가지의 우려가 있다고 판시하였다.

요컨대, 원심은 이 사건 반환으로 인하여 자녀를 육체적 또는 정신적 위해에 노출시키거나 그 밖에 견디기 힘든 상황에 처하게 하는 경우에 해당한다고 하여 X의 항고를 기각하였다. 이에 X는 대법원에 재항고하였다.

Ⅲ. 대상판결의 요지

대법원은 다음과 같은 이유에서 청구인 X의 재항고를 기각하였다.[3]

법원은 아동의 불법적인 이동 등으로 양육권이 침해된 경우에도 법 제12조 제4항 제3호에서 정한 "아동의 반환으로 인하여 아동이 육체적 또는 정신적 위해에 노출되거나 그 밖에 견디기 힘든 상황에 처하게 될 중대한 위험이 있는 사실"이 있을 경우에는 반환청구를 기각할 수 있다(법 제12조 제4항). 법 제12조 제4항 제3호의 반환예외사유는 아동의 신속한 반환으로 인하여 오히려 아동의 구체적이고, 개별적인 복리가 침해되어 발생할 위해를 방지하기 위한 것으로, 그 해석에 있어서는 아동의 권익이 일방 부모의 양육권이나 절차의 신속성 등보다 우선하여 고려되어야 한다. 따라서 중대한

---

3) 대법원 2018.4.17. 자 2017스630 결정.

위험에는 청구인의 아동에 대한 직접적인 폭력이나 학대 등으로 아동의 심신에 유해한 영향을 미칠 우려가 있는 경우뿐만 아니라 상대방인 일방 부모에 대한 잦은 폭력 등으로 인하여 아동에게 정신적 위해가 발생하는 경우와 상거소국에 반환될 경우 오히려 적절한 보호나 양육을 받을 수 없게 되어 극심한 고통을 겪게 되는 경우를 포함한다. 반환청구를 받은 법원은 위와 같은 사정 이외에도 그 위험의 정도와 반복될 우려가 있는지 여부, 아동의 반환 전후 양육에 관한 구체적 환경, 반환이 아동에게 미칠 심리적, 육체적 영향 등 기타 일체의 사정을 종합적으로 검토하되 청구인과 상대방의 양육권 등을 고려하여 아동에 대한 최선의 이익이 무엇인지와 반환이 오히려 아동의 복리에 심각한 침해가 되는지 여부를 판단하여야 한다.

위 법리와 원심이 적법하게 채택한 증거에 의하여, 청구인이 상대방을 수차례 폭언과 폭행을 하고 사건본인 1은 위 폭행을 목격하여 정신적 고통을 겪었으며, 사건본인들만 또는 사건본인 2만 일본으로 돌아갈 경우 그와 같은 분리가 오히려 사건본인들에 대한 심리적 고통을 줄 우려가 있다는 점 등의 사정을 고려하여 사건본인들이 반환될 경우 중대한 위험이 있다고 보아 청구인의 청구를 기각한 원심의 판단은 정당하고, 거기에 중대한 위험 등에 관한 법리를 오해하거나 논리와 경험의 법칙을 위반하여 재판에 영향을 미친 잘못이 없다. 그러므로 재항고를 기각한다.

Ⅳ. 해 설

1. 대상판결의 쟁점

국가 간 교류와 협력이 활발해지면 국제결혼을 비롯한 국경을 넘은 사람의 이동으로 인해 국제가족법상의 문제, 특히 부부간 혹은 자녀의 양육과 관련한 분쟁이 적지 않게 발생하고 있다. 이 과정에서 혼인 파탄에 수반하여 부모 간 국제적 아동탈취 사안이 국제적으로 빈발하면서 1980년에 「국제적 아동탈취의 민사면에 관한 헤이그 협약(이하, '헤이그 아동탈취협약'이라고 한다)」4)이 국제사법회의에서 채택되었다. 우리나라도 2012년에 이 협약에 가입하였고 현재 그 이행법률인 「헤이그 국제아동탈취협약 이행에 관한 법률(이하, '이행법률'이라고 한다)」이 시행 중에 있다. 사실, 대상판결 이전에 이미 대법원에서는 부모 간 국제적 아동탈취의 문제, 즉 베트남 국적의 모(母)가 한국 국적 남편과의 불화로 두 사람 사이에서 태어난 자녀와 함께 베트남으로 귀국하였다가 국제이송목적약취유인죄로 기소된 사건5)이 주목받은 적이 있었지만, 이는 협약

---

4) Convention on the Civil Aspects of International Child Abduction.
5) 대법원 2013.6.20. 선고, 2010도14328, 전원합의체 판결. 이 사건은 우리 형법상 베트남 모(母)의 행위가 국외이송목적약취유인죄의 구성요건 해당성이 다투어진 사건으로 대법원은 물리적 유형력의 행사 및 아동에 대한 직접적 위험의 초래가 부정된다는 이유로 본죄의 성립을 부정하였다. 그러나 대법원의 판결은 다음과 같은 점에서 문제가 있다. 국외이송목적약취유인죄가 아동의 안전에 대한 추상적 위험범이라는 점을 별론으로 하더라도, 처벌의 근거는 「미성년자의 안전(자유)」이라기보다는 「부모의 양육권 침해」에서 찾을 수 있고, 형법상 본죄의 성립에 제3자와 공동양육권자의 행위를 구별하지 않고 있는 이상, 제3자 또는 공동양육권자의 상대방양육권자의

가입 전의 사안으로 협약과 국내 이행법률이 직접 적용된 사건은 아니었다. 대상판결은 우리나라의 협약 가입 이후 협약과 국내 이행법률이 직접 적용된 사건일 뿐만 아니라 협약 체약국 간 최근 가장 첨예하게 대립하고 있는 반환예외사유인 '중대한 위험(grave risk)'의 해석과 관련한 국내 법원의 첫 판단이라는 점에서 매우 의미가 깊다.

대상판결의 논점은 크게 다음의 세 가지라고 할 수 있다. 첫째, 부모 간 국제아동탈취 즉, 일방 양육권자의 협의 없이 타방 양육권자가 아동을 이동·유치하는 행위의 불법성, 둘째, 대법원에서는 적극적으로 언급되지 않았지만 원심판결이 적시하는 바와 같이 신속한 아동반환원칙과 예외사유의 엄격한 해석원칙, 셋째, 중대한 위험이라고 하는 개별 반환예외사유의 해석(상대방 배우자에 대한 가정폭력 사안에서 아동에 대한 중대한 위험의 평가)에 관한 것이다. 대법원에서는 앞의 두 논점에 관해서는 특별히 적극적으로 명시하지는 않았고 세 번째 논점에 중점을 두고 판시하였지만 각 논점의 중요성을 고려하여 이하에서는 세 가지 논점을 모두 포함하여 검토하고자 한다.

양육권 침해의 불법성에는 차이가 없다. 나아가 정당한 법적 절차에 의하지 않은 모의 아동 양육권 실력탈취 행위를 용인하고, 또 다른 중요한 법익인 공동양육권자의 「양육권의 침해」의 관점에서 본조에 의한 구성요건 성립 근거를 적극적으로 검토하지 않았다는 점은 문제가 있다고 생각된다. 이 점에 관해서는 곽민희, 결혼이민자의 아동탈취와 헤이그 협약의 적용, 가천법학 제8권 제4호(2015.12), 324면부터 327면의 내용 참조.

2. 공동양육권자의 양육권 침해의 불법성[6]

우리 민법상 부모의 양육권은 법률상 매우 중요한 이익으로서 다루어진다. 예컨대, 부모가 이혼하는 경우 자녀에 대한 양육권은 주요한 분쟁의 대상이 되고 아동의 거소지정을 포함한 아동의 양육에 관한 사항을 결정하는 데도 친권 또는 양육권(right of custody)의 존부는 중요한 판단 기준이 된다. 민법뿐만 아니라 형법, 아동복지법 및 다른 관련 법률에서도 부모의 양육권은 중요한 보호법익이다. 예컨대 아동복지법상, 보호자가 아동을 학대하고 있는 경우라고 하더라도 친권상실이 선고되거나 긴급피난에 해당하지 않는 한 부모의 의사에 반해서 그 아동을 부모로부터 탈취하는 것은 인정되지 않는다. 나아가 아동에 대한 공동양육권을 가진 부모의 동의 없이 일방 부모가 아동을 데리고 출국하는 행위도 민법상 상대방의 양육권 침해에 해당하고 헤이그 아동탈취협약 역시 그러한 행위의 불법성을 명시적으로 인정하는 전제에서 아동반환원칙을 구현하고 있는 것이다.[7] 즉, 헤이그 아동탈취협약은 아동의 이동과 유치가 '불법'한 경우에 아동반환을 명하는데 여기서 '불법'은 아동반환 신청자의 양육권을 침해한 경우를 의미하고(협약 제3조), 양육권의 침해

---

6) 이하의 내용은 곽민희(註5), 323면부터 324면.

7) 참고로 형법상으로도 종래 판례는 일관되게 자녀를 공동으로 양육하는 부모의 1인이 다른 부모와의 협의 또는 법원의 결정을 거치지 않고 일방적으로 자녀를 데리고 외국으로 출국하는 행위는 불법한 것으로 판시하고 있다. 즉, 대법원 2008.1.31. 선고 2007도8011 판결에서도 "미성년자를 보호감독하는 자라고 할지라도 다른 보호감독자의 감호권을 침해하거나 자신의 감호권을 남용하여 미성년자 본인의 이익을 침해하는 경우에는 미성년자 약취·유인죄의 주체가 될 수 있다"고 함으로써, 미성년자의 약취유인죄의 보호법익은 「아동의 자유와 안전」과 더불어, 상대방 「부모의 양육권(판례상 "감호권")」도 중요한 보호법익이라고 해석하고 있다.

는 단독양육권자의 양육권을 침해한 경우뿐만 아니라 공동양육권자의 양육권을 침해한 경우도 포함된다.[8] 따라서 대상판결의 사실관계에 비추어 볼 때, 공동양육권을 가진 부모 간에 상대방 양육권자의 동의 없는 이동·유치는 '불법'한 것으로 간주된다. 원심판결에서도 상대방 Y가 일본에 상거소를 가지고 있는 사건본인들을 한국으로 이동시킴으로써 사건본인들의 공동양육자인 청구인의 양육권을 침해하였고, 이는 헤이그 아동탈취협약 및 이행법률에서 정한 불법적인 아동의 이동에 해당하므로 Y는 동 협약 제3조, 제12조 및 동 이행법률 제12조 제1항에 따라 사건본인들을 반환할 의무가 있음을 확인하고 있음은 전술하였다. 대상판결에서도 일응 원심판결의 법리를 수긍하면서 불법적인 이동 등으로 아동의 양육권이 침해된 경우임을 전제로 하고 있다.

3. 신속한 아동반환원칙과 예외

(1) 신속한 아동반환 원칙과 예외사유

대상판결상 이행법률이 근거하는 헤이그 아동탈취협약은 원칙적으로 다음과 같은 두 가지 목적으로 제정되었다. 즉, 아동의 신속한 반환 원칙을 통해 양육권자의 동의 없이 아동을 데리고 모국으로 귀국한 부모가 이후, 자신의 모국에서 해당 아동에 대한 양육권 결정을 구하여 쉽게 양육권을 부여받기를 희망하는 행위를 방지할

---

8) 이러한 관점에서 특히, 헤이그 아동탈취협약상 '아동탈취(child abduction)'의 의미를 타인이 하는 아동의 유괴, 즉 고전적 의미에서의 유괴(classic kidnapping)와 대비해서 부모 일방이나 후견인 기타 근친의 가족이 하는 아동의 일방적 이동이나 유치로 이해하기도 한다. 윤진수 편, 주해친족법 제2권, 박영사(2015), 1739면(석광현 집필 부분).

목적과 어느 체약국의 법률에 따른 양육권과 면접교섭권의 판단은
다른 체약국에서도 상호 존중되어야 한다는 것을 목적으로 한다.9)
헤이그 아동탈취협약의 기초자들에 따르면, 협약의 신속한 반환원
칙은 일반적으로 아동의 최선의 이익에 부합한다는 추정에 근거한
것이라고 한다.10) 이러한 문맥에서, 협약은 아동이 탈취된 국가의
법원에서는 양육권 판단을 할 수 없고(협약 제16조), 오직 아동의 반
환 여부만을 결정할 수 있다고 규정한다.11) 즉, 협약상 아동반환 심

---

9) Elisa Pérez-Vera, Explanatory Report on the 1980 Hague Child Abduction
Convention, 1982, para. 25(http://hcch.e-vision.nl/index_en. php?act=
publications. details &pid=2779; last visited April. 28, 2017); Carol S.
Bruch, "The Unmet Needs of Domestic Violence Victims and their
Children in Hague Child Abduction Convention Cases", 38 Fam.
L.Q.(2004), at 529.

10) Hague Conference on Private Int'l Law, Oct. 30 Nov. 9. 2006, Report on
the Fifth Meeting of the Special Commission to Review the Operation of
the Hague Convention of 25 October 1980 on the Civil Aspects of
International Child Abduction and the Practical Implementation of the
Hague Convention of 19 October 1996 on Jurisdiction, Applicable Law,
Recognition, Enforcement and Co-operation in Respect of Parental
Responsibility and Measures for the Protection fo Children, at 162-167
(Mar.2007).

11) 다만, 아동의 반환명령은 상거소국으로의 반환이지, LBP에게 반환하라거
나 LBP에게 양육권을 부여하라는 의미는 아니라는 것이 체약국들의 해석
이다. 이러한 의미에서 대륙법계에서는 반환명령 결정의 주문형식에 관해
논의가 있다. 협약 규정상 이 문제는 각 체약국의 국내 이행법률에 맡겨져
있다. 생각건대, 협약상 아동의 신속한 반환이라는 요청은 상거소국에서
아동의 반환을 명하는 재판이 가능한 상태를 작출할 필요성에 관한 것이고
또한 그것으로 충분한 것이다. 따라서 아동반환을 명하는 종국결정의 이행
은 이행의무자에게 있어서는 아동을 상거소국에 반환해야 하는 작위채무
의 이행으로서의 성질을 갖는다고 해석하는 것이 협약에 취지에 부합한다.
따라서, 주문의 형식은 「피청구인 ○○○는 아동(특정) ○○○를 상거소국
에 반환하라」는 식으로 기재해야 하고, 이때 피청구인이 아동과 함께 상거

리에서는 양육권 소송과는 달리, 아동의 종국적이고 궁극적인 복리
에 부합하는 것이 무엇인가에 관한 실체적인 아동의 이익보다는 협
약의 목적, 즉 탈취된 상태를 원상회복하는 절차 — 아동을 '일단'
이전 상거소국으로 신속하게 반환하는 절차 — 자체가 중시된다.
이 때문에 헤이그 협약은 재판관할권 결정을 직접 규정하는 것은
아니지만, 해석상 법정지 및 준거법(법선택)을 결정하는 재판관할
메커니즘으로써 작용한다.[12) 실제로, 미국 법원은 협약상 상거소
국으로의 신속한 반환원칙에 대해서, 탈취국의 법원은 아동의 양육
권에 관한 본안분쟁을 결정할 재판관할을 가지지 않고 반사적으로
양육권 결정에 대한 재판관할은 상거소 국가의 법원에게 인정된다
는 사실을 암시하는 것이라고 해석함으로써, 협약의 국제사법적 성
격을 강조하였다.

　그러나 국내법원은 협약 및 이행법률에 규정된 다섯 가지 예외
가 입증된 경우에는 아동 반환을 거부할 수 있다. 즉, 아동의 불법
적 이동·유치로부터 1년의 경과 및 아동이 새로운 환경에 적응한
경우(이행법률 제12조 제4항 제1호, 헤이그 아동탈취협약 제12조), 아동
을 보호하는 자가 이동·유치 당시 실제로 양육권을 행사하고 있
지 않았거나 그 이동·유치에 동의·추인한 경우(동법 동항 제2호,
동협약 제13조 제1항 a호), 아동반환으로 인해 아동이 육체적·정신
적 위해에 노출되거나 기타 아동이 견디기 힘든 상황에 처하게 될

소국으로 돌아가는 등의 어떤 수단에 의하든 아동을 상거소국에 반환하면
위 의무를 이행한 것으로 된다. 각국의 판결례에서도 아동이 피청구인과
함께 상거소국으로 돌아가는 것이 금지되어 있지 않고 오히려 권장되고 있
다는 점에서 협약의 이러한 해석은 타당하다고 생각된다.

12) Elisa Pérez-Vera, supra note 9; Andrew Bainham, Children: The Modern
　　law 750 (3d ed. 2005), at 750; B.D.Inglis, New Zealand Family Law in
　　the 21st Century (2007), at 539, 543.

중대한 위험의 존재(동법 동항 제3호, 동협약 제13조 제1항 b호), 아동
의 의견고려가 적절할 정도의 연령과 성숙도에 있다고 인정되고
아동이 반환에 이의를 제기하는 경우(동법 동항 제4호, 동협약 제13
조 제2항), 아동의 반환이 대한민국의 인권 및 기본적 자유 보호에
관한 기본원칙에 의하여 허용되지 않는 경우(동법 동항 제5호, 협약
제20조)이다. 대상판결에서는 이 반환거부사유 중 청구인의 상대
방에 대한 가정폭력이 '아동에 대한' '중대한 위험'이 되는가가 가
장 중요한 쟁점이 되고 있다. 한편, 반환거부의 항변사유는 피청구
인인 탈취부모(TP)가 입증해야 하고 위 예외사유가 입증되지 않는
경우 법원은 신속하게 아동반환명령을 내려야 한다. 아동반환 명
령이 내려지면 탈취부모는 아동을 단독으로 반환하거나 아동과 함
께 원래의 상거소로 돌아갈 수도 있다. 아동반환 명령은 '원래의
상거소'로 아동을 반환하는 것이므로[13] 반드시 아동반환 청구자에
게 반환을 해야 하는 것도 아니고 그것이 양육권을 청구자에게 부
여한다는 의미도 아니다.

(2) 예외사유의 엄격한 해석 원칙

헤이그 아동탈취협약과 이행법률상 아동의 신속한 반환원칙은
아동에게 익숙한 생활의 터전이 있는 원래의 상태(Status Quo Ante)

---

13) 따라서 반환명령의 주문형식은 원칙적으로 「피청구인 ○○○는 아동 ○○
○를 상거소국에 반환하라」는 식으로 이루어져야 할 것이다. 이러한 의미
에서 아동반환을 명하는 종국결정의 이행은 이행의무자에게 있어서 작위
채무로서의 성질을 갖는다는 견해가 있다(堂園幹一郎, ハーグ条約に基づ
く子の返還のための裁判手続等の概要, 民事月報 第68巻 9 号, 30頁). 이에
대해, 석광현, "국제아동탈취의 민사적 측면에 관한 헤이그협약과 한국의
가입", 서울대학교 법학 제54권 제2호, 2013, 116면에서는 반환명령은 청구
인에게 직접 반환을 명하는 주문으로 기재할 것이 요구된다고 한다.

로 되돌려 놓는 것이 '일반적으로 아동의 최선의 이익(best child interests in general)'에 적합하다는 추정에 근거한 것이다.[14][15] 협약의 신속한 반환원칙의 실현은 이와 같이 아동의 이익에 부합하는 것으로 추정되므로 가능한 한 반환거부사유는 그야말로 '예외적'인 것으로 그 해석은 제한적으로 엄격하게 해석해야 한다는 것이 체약국 실무의 주된 경향이라고 할 수 있고 이는 협약의 본질적 성격과 관련하여 일응 타당한 것으로 이해된다.

그러나 최근에 체약국에서는 이러한 예외사유의 좁은 해석(엄격한 해석) 경향이 협약이 성안될 당시 고려하였던 탈취상황이 변화하였고, 특히 가정폭력이라는 특정 사안 유형에서는 불합리한 결과를 야기한다는 점을 인식하게 되었다는 점에서 문제 되고 있다. 즉, 현재 통계상으로 2008년 체약국을 대상으로 하는 아동탈취사건 중 모(母)에 의한 탈취가 약 67%로서,[16] 소위 '주요한 양육자(primary caretakers)'에 의한 아동탈취가 대부분을 차지하고 있다. 이에 따라 아동이 주요한 양육권자[주로 모(母)]의 상실을 경험하지 않는 상황에서는 협약상 아동의 신속한 반환원칙의 엄격한 고수가 오히려 개

---

14) Elisa Pérez-Vera, supra note 9, para. 53; B.D. Inglis, New Zealand Family Law in the 21st Century(2007), p.539-543; Andrew Bainham, Children: The Modern Law, 3d ed., 2005, p.750.

15) 현재 체약국의 학자들을 중심으로 아동의 최선의 이익 개념과 관련하여 헤이그 아동탈취협약과 CRC 간 상호 모순의 존재에 관한 논의에 대해서는 Rhona Schuz, The Hague Child Abduction Convention and Children's Rights, 12 Transnat'l L. & Contemp. Probs. 393, 2002, p.435 이하; Eran Sthoeger, "International Child Abduction and Children's Rights: Two means to the same end", MIJIL 511(2011), at 522.

16) Nigel Lowe, A Statistical Analysis of Applications made in 2008 under the Hague Convention of 25 October 1980 on the Civil Aspects of International Child Abduction, Permanent Bureau, 2011, p.5.

별적·구체적 아동의 복리에 반하는 경우가 발생한다. 그러나 종래 협약 기초자들 역시 협약의 반환거부사유 자체를 규정함에 있어, 아동의 신속한 반환을 보장해야 할 일반적 의무에 대한 예외의 필요성을 인식하고 규정한 것이므로,[17] 특정사안에서의 구체적 타당성은 협약상 규정된 예외사유의 인정 또는 해석에 의해서 구제될 수 있다. 다만, 종래와 같은 반환거부사유의 엄격하고 제한적인 해석 태도를 고집한다면, 이러한 구제를 어렵게 하는 측면도 존재한다. 그렇다고 특정사안의 개별적·구체적 타당성을 이유로 협약의 「해석 원칙」, 신속한 반환과 예외적 반환거부라는 협약의 틀을 손상하면서까지 반환거부사유를 일반적으로 폭넓게 해석하는 것은 협약의 본질과 목적에 비추어 명백히 문제가 생긴다. 특히 대상판결이 문제 삼고 있는 예외사유 중 '중대한 위험'의 해석과 관련해서는 보다 신중하고 엄격한 접근이 요구되는데 각 체약국의 국내법원은 이러한 사실을 인지하면서 개별사안에서의 중대한 위험의 해석에 섣불리 판단근거를 확장하는 일에 대한 경계가 존재한다. 결국 예외사유를 쉽게 확장 적용하는 것은 협약의 신속한 반환원칙으로 보호되는 전체 아동의 이익을 침해할 수 있다는 측면에서 자칫하면 협약의 틀 자체를 부정하는 결과를 낳을 수 있기 때문이다. 이러한 이유로 각 체약국의 실무에서는 협약의 틀을 손상하지 않은 범위에서, 특정한 사안에서 문제 된 아동의 이익을 최대한 보호할 수 있는지에 관해 다양한 논의가 전개되고 있다. 우리 대상판결은 이 점에 대한 인식이 그 문언 자체만으로는 나타나 있지 않은데 대상판결의 중요성을 고려할 때 협약의 목적과 취지에 근거하여 전술한 인식을 바탕으로 해석기준에 대한 우리 법원의 일반적 입장을 명확히 할

---

17) Elisa Pérez-Vera, supra note 9, para. 25.

필요가 있었다고 생각된다.

즉, 원심판결에서 "아동탈취협약 및 헤이그아동탈취법의 목적이 아동의 신속한 반환절차를 규율함으로써 아동의 탈취를 억지한다는 데에 있는 점에 비추어, 위와 같은 '중대한 위험'에 대한 고려는 가능한 엄격하게 해석되어야 하나, 가정폭력 피해자의 아동탈취의 경우와 같이 엄격한 해석이 결과적으로 아동의 실체적 복리에 악영향을 끼칠 위험이 있는 경우에는 이를 완화해서 해석하여야 할 것인바, … (후략)"라는 인식이 본 대법원 판결을 통해 명시적으로 확인되었더라면 하는 아쉬움이 있다.

4. 반환거부사유 '중대한 위험'의 해석

(1) '중대한 위험'의 개념과 증명 책임

대상판결에서 가장 중요하게 다루는 쟁점은 개별 반환거부사유 중 '중대한 위험'의 해석과 관련한 것이다. 본 사안에서와 같이 협약에 따라 아동반환이 문제 되면 탈취부모(상대방, 피청구인)는 헤이그 협약 제13조(b) 및 이행법률 제12조 제4항 제3호가 규정하는 소위 아동에 대한 '중대한 위험'의 항변에 기초하여 그 증명에 성공하지 않으면 협약상 반환명령을 거부할 수 없다. 협약에서 말하는 「중대한 위험」이란, 협약 제13조 제1항 b호의 내용에 따르면 반환으로 인해 야기되는 다음의 3가지 경우가 있는 때를 말한다. 첫째, 아동에 대한 신체적 위해의 중대한 위험(grave risk of physical harm), 둘째, 아동에 대한 정신적 위해의 중대한 위험(grave risk of psychological harm), 셋째, 아동을 견딜 수 없는 상황에 두게 될 중대한 위험(grave risk of intolerable situation)이다. 이 세 가지는 각각 독립된 항변사유이지만 실무에서는 명확한 구별은 이루어지지 않고 있고 전체적으로 중대한 위험의 항변으로 주장되는 경우가 많다. 또한 "중대한" 위험이라고 하는 것은 아동을 견디기 어려운 상황에 두게 되는 위험성의 정도를 나타내기도 한다.[18] 협약상 중대한 위험의 개념은 규범적 요소가 강한 추상적 요건이라고 할 수 있으므로,[19] 개별 사안에서 어떠한 사정이, 어느 정도로 고려될지는 법원에 있어서 협약과 이행법률에 관한 해석문제로서 각국의 국내 법원의 해석에 완전히 맡겨져 있다.

한편, 반환거부사유의 증명책임은 반환을 다투는 측, 즉 피청구인에게 있다는 것이 일반적 해석이다. 증명책임의 정도와 관련해서는 각 국내 이행법률에 규정하는 경우가 있는데 대표적으로 미국의 협약 이행법률은 중대한 위험의 경우에는 다른 반환거부 사유에 비해 증명의 정도를 더욱 엄격하게 요구하고 있다. 즉, 「명백하고 설득력 있는 증거(clear and convincing evidence)」에 의할 것을 규정[20]함에 따라 미국 법원의 실무도 중대한 위험의 해석에 관해서는 매우 엄격한 입장을 취하고 있다. 영국에서도 중대한 위험의 증명은 「압도적 증거(compelling evidence)」가 필요하다고 하고

---

18) 곽민희, 헤이그 아동탈취협약의 해석상「중대한 위험」과 子의 利益, 민사법학 제67호(2014.6), 35면.

19) 本坊憲緯子「ハーグ条約実施法の実施に向けて-子の返還申立事件」自由と正義第64巻11号(2013)16頁.

20) 미국은 협약의 이행법률(「국제아동탈취구제법(International Child Abduction Remedies Act, 이하 'ICARA'라고 한다)」) 자체에서 예외사유의 증명 정도를 달리함으로써 협약의 예외사유에 대한 협소한 해석을 관철하고 있다. 즉, 중대한 위험의 항변은 증명의 정도에서 더욱 제한적으로 인정되는데, 협약 제13조 제1항 b호 및 제20조 예외사유는 "명백하고 확실한 증명(clear and convincing evidence)"을 요한다. 이 외의 항변사유인 협약 제12조 내지 제13조에 규정된 다른 예외사유들은 "증거(증명)의 우월성(a preponderance of the evidence)"만을 요구하여 이행법률 내에서 증명책임의 정도를 달리하고 있다[ICARA 제9003조(e)(2)].

있어 대체로 중대한 위험의 증명 정도를 다른 반환거부사유에 비해 고도화하고 있고 제한적이고 엄격하게 해석하고 있다.

본건 대상판결의 쟁점도 이러한 중대한 위험의 해석과 관련한 것으로 보다 상세히는 가정폭력 사안에서 상대방 배우자에 대한 폭언이나 폭력이 ― 아동 그 자체에 대해서는 폭행의 증명이 없거나 부족한 경우 ― '아동에 대한' 중대한 위험으로 평가될 수 있는지에 대해서 다루고 있다.

(2) 배우자에 대한 가정폭력 사안에서 중대한 위험의 평가

체약국 실무상 반환거부사유 중에서는 '중대한 위험'의 예외 사유가 주장되는 재판례는 상당히 많다. 중대한 위험에 관해 아동 자신에 대한 사유로는 자녀에 대한 성적 학대, 폭력 등이 신체적 위해의 중대한 위험으로 주장되는 경우가 많다. 또한 반환청구자인 부모의 빈곤한 생활수준, 상거소국의 저하된 의료 환경이나 탈취된 국가의 생활에 아동이 적응하였다는 등의 사정이 중대한 위험의 항변으로 종종 주장되는데 대부분 이러한 경우는 중대한 위험으로 인정되지 않는다.[21] 각 체약국의 재판례는 일반적으로 이와 같은 문제는 헤이그 아동탈취협약에 근거한 아동반환에 부득이하게 수반되는 문제이므로 그 자체로는 중대한 위험으로 보지 않는 경우가 많다.

대상판결의 쟁점과 같이 아동에 대한 직접적 폭력이 아니라 주요한 양육자인 상대방 배우자에 대한 폭력이 아동에 대한 중대한

---

21) Cullar v. Joyce, 596 F.3d 505(9th Cir. 2010)에서 주장된 사유로서, 이 판결에서 제9순회항소법원은 위와 같은 사유로 반환을 거절하는 것(원심법원의 태도)은 너무 유연한 항변의 해석을 인정하는 것이라고 하여 강하게 비판하고 있다.

위험이 되는가와 관련해서 많은 체약국 실무에서도 아동 그 자신에 대한 신체적 위해 사례보다 일방 부모, 특히 주요한 양육자인 모(母)가 가정폭력의 피해자인 경우 아동에 대한 중대한 위험이 주장되고 있다. 우리 대상판결의 사안과 같이, 탈취부모(피청구인)에 대한 가정폭력[신체적·정신적 폭력, 기타 폭력적(abusive) 언동·태도 등]에 의해 미치는 아동에의 영향이 문제 되는, 즉 피청구인의 사유에 의한 아동반환의 거부가 체약국 실무에서도 논란이 되고 있다. 나아가 탈취부모(피청구인)에 대한 청구인의 가정폭력은 아동반환 결정이 내려지면 아동반환을 위해 피청구인이 가해자가 소재하는 상거소국에 함께 돌아갈 수 없게 되는 이유로서도 주장된다. 즉, 이로 인한 아동과 주요한 양육자인 피청구인과의 분리는 아동에 대한 정신적 위해가 된다는 점에서 중대한 위험의 항변으로 종종 주장된다. 이 경우에는 피청구인이 아동과 함께 상거소국으로 돌아가는 경우의 주거 등 경제적 곤란(피청구인 혹은 청구인에게 자력이 없거나 상거소국에서의 생활 곤란)도 아동과의 분리를 야기시키는 사유가 되기도 한다. 우리 판결에서도 자녀가 한국 생활에 적응하고 있고 또한 한국어 사용에 익숙하다는 항변은 이러한 맥락에서 주장된 것이라고 볼 수 있다.

(3) 체약국 실무와의 비교

대상판결에서 문제된 사안과 같은 경우, 프랑스의 법원은 대체로 완화된 입장을 취하고 있는데, 종래 1990년대 중·후반까지 프랑스 법원은 자녀가 탈취자, 특히 모(母)와 분리되거나 단순히 탈취된 곳의 새로운 환경에 적응하였다는 사실만으로도 상대적으로 용이하게 중대한 위험의 항변을 인정하는 경향이 있었다.[22] 게다가 반환명령에 의해 모(母)와 분리되거나 이별하는 경우 아동이 견디기 어려운 상황에 놓여질 수 있다는 것만으로도 중대한 위험을 인정하고 있다. 그러나 최근의 프랑스 판결에서는 종래의 중대한 위험에 대한 완화된 태도는 다른 체약국 실무와 협약에 관한 연구의 집적을 통해서, 종종 중대한 위험의 인정에 부정적인 사례들도 나타나고 있다. 다만, 중대한 위험의 직접적인 부정이라기보다는 반환 후 아동에 대한 일정한 보호조치를 조건으로 하는 조건부과식 반환을 명하거나23) 자녀의 복리를 심사하여 고려한 결론으로써 중대한 위험의 항변을 부정하는 사례24)들이라고 할 수 있다.

이에 반해 미국이나 영국 법원의 실무25)는 원칙적으로 중대한 위험의 해석에 관해서는 매우 엄격한 입장을 취하고 있다. 미국의 경우, 가장 대표적으로 Friedrich v. Friedrich 판결26)에서 제한적이고 엄격한 원칙을 천명한 이래로 최근의 실무도 대체로 이러한 원칙에 따르고 있다고 할 수 있다.27) Friedrich 판결에 따르면, 양육권 분쟁 해결 전에 아동을 "급박한 위험"에 두는 경우 예컨대, 아동을 전쟁지역이나 기아지역으로 반환해야 하는 경우 등에만 반환이 거절될 수 있다고 한다. 따라서 아동을 직접적 대상으로 하는 가정폭력이 아니라 탈취부모, 즉 일방 배우자에 대한 가정폭력이나 나

---

22) Cass. Civ 1ère 12.7.1994, S.c.S.

23) CA Grenoble 29/03/2000 M v. F.

24) CA Paris, 05/15032; Cass. Civ 1ère(N° de pourvois: 04-16942).

25) 영국과 미국 법원의 실무에 관해서는 곽민희(註18), 38-46면, 55-59면에서 요약·재인용.

26) Friedrich v. Friedrich, 78 F.3d 1060(6th Cir. 1996).

27) Jeremy D. Morley, "*Some Notes on the United States' Interpretation of the Hague Abduction Convention*", at 2009 IAML Annual Meeting. 참고로 미국국무성이 상원외교위원회를 위해서 작성한 헤이그협약 법적 분석 보고에 따르면 중대한 위험의 증명을 위한 기준은 예외적일 정도로 높은 기준에 따른다고 서술되어 있다.

아가 주요한 양육자인 탈취부모와의 분리 등의 경우에도 여간해서
는 중대한 위험이 인정되지 않는다. 다만, 가정폭력 사안의 특수성
을 인식한 이래로 최근에는 가장 단순하게는 가정폭력의 주장 자체
를 직접적 항변 근거로 인정하거나 언더테이킹(undertaking)[28]과
같은 일정한 보호조치를 조건으로 항변 거부를 인정하는 경향이 나
타나고 있다. 대표적으로 Blondin 판결[29]을 들 수 있는데, 이 판결
에서 법원은 반환명령을 결정하는 법원은 상거소국에서의 본안판
단 결정이 내려질 때까지 아동을 충분히 보호하는 잠정적 보호조치
가 마련되어 있는지에 대해 조사해야 하고,[30] 이러한 조치가 있음
을 확인한다면 원칙적으로 상거소국에 아동은 신속히 반환되어야
한다고 판시하였다. 한편, Friedrich 판결에서의 엄격한 해석태도
를 포함하여 잠정적 보호 조치를 근거로 하는 항변 거부에 관해서
는 2000년 Walsh 판결[31]을 계기로 회의적인 태도를 보이는 판결도
나타나고 있다. 우리 법원은 아직 중대한 위험의 항변 거부를 위한
잠정적 보호 조치 등에 대한 논의는 직접 다루지 않았지만 헤이그
아동탈취 사안에 대한 실무의 논의가 집적된다면 향후 이 점에 대

---

28) 언더테이킹(undertaking) 제도는 아동반환의 실현을 목적으로 당사자가
   일정한 의무를 부담하는 것을 조건으로 법원이 반환명령과 일체로 또는 별
   도의 명령을 통해 그 이행을 명하는 경우, 그 약속 혹은 이행의 명령을 말한
   다[Re O. (Child Abduction: Undertakings) (No.1) (1994) 2 FLR 349)]. 우
   리나라 문헌에서는 이를 '확약'이라고 번역하는 경우도 있다[석광현(註13),
   100면]. 언더테이킹과 같은 보호조치를 조건으로 하는 경우의 문제점에 대
   해서는 堂園幹一郎(註13), 56頁 참조.

29) Blondin v. Dubois, 189 F.3d 240(2d Cir. 1999).

30) 보호조치의 존부의 검토를 위해서 Blondin판결은 제1심법원에 환송되었
   고, 이후 항소심판결이 나왔는데 이 판결에서는 보호조치는 중대한 위험을
   없애는 것은 아니라고 하였다.

31) Walsh v. Walsh, No. 99-1747(1st Cir. July 25. 2000). 이하, Walsh 판결.

해서도 문제 될 수 있다고 생각된다. 영국의 E사건 판결32)에서는 우선 반환의무의 예외라고 하는 것은 용어 그대로 예외적으로 인정되는 것임을 강조하고 그 이행법률에서와 같이 엄격한 해석 태도를 관철하고 있고 이후 실무는 대체로 이에 따르는 것으로 보인다. 그러나 영국의 경우에도 탈취부모가 주요한 양육자라는 사실 및 가정폭력 피해자 보호의 관점에서, 미국의 Blondin 판결에서와 같이 반환 후 보호조치를 통한 해결책을 모색하고 있다.33) 아동 반환 후에 탈취부모(피청구인)가 처하게 될 불안한 사정이 궁극적으로 아동의 복리에 반할 수 있는 경우에는 객관적 위험 증명에 기초할 필요 없이 중대한 위험의 항변을 인정할 수 있다고 하여 그 증명 정도를 완화한 사례도 있다.34)

한편, 일본은 협약의 국내 이행법률35)에서 대상판결에서 문제

---

32) Re E (Children) [2011] UKSC 27, [2012] 1 AC 144. D. 이 판결의 평석과 관련해서는 Wheeler, ‘*Re E (Children): Understanding the Implications of Neulinger and Maumousseau*’ (2011) IFL 224. 이하 참조.

33) 실제로 Re E (Children) [2011] UKSC 27, [2012] 1 AC 144. D 사건에서는 보호조치의 적절성을 들어서 반환을 인정하였고, 반면, Re S (A Child) [2012] UKSC 10, [2012] 2 WLR 721에서, 법원은 父(LBP)가 제시한 보호조치에 의해서도 중대한 위험이 미연에 제거된 것은 아니라고 판단하여 반환을 거부하기도 하였다. 이러한 점에 비추어 영국의 실무는 단순히 보호조치의 존재만으로 중대한 위험의 제거를 인정하는 것은 아니고 그 실효성에 비추어서 적절성을 판단한다는 점에서 시사하는 바가 있다. 특히 이 판결에서는 법원의 재량권 행사와 관련하여, 본건의 아동에 대한 중대한 위험은, 법원이 母(TP)가 불법한 이동이나 유치로부터 이익을 얻는 것을 허용하지 않도록 법원이 재량으로 母의 행위를 부정할 중요성보다 더 중요하다고 하였다. 즉, 피청구인이 협약상 중대한 위험의 항변을 함에 있어서 객관적 증명에 이르지 못하더라도 법원이 위험성을 최소화하기 위한 아동 보호조치의 실효성에 향후의 초점을 두고 판단함으로써 아동의 복리 보호를 꾀한 것이다.

34) Re S (A Child) [2012] UKSC 10, [2012] 2 WLR 721.

된 상황을 직접 해결하는 해석 조문을 두고 있다는 점에서 특징이
있다.36) 즉, 중대한 위험의 해석과 관련하여 재판규범으로서의 명
확성을 도모하고 당사자의 예측가능성을 확보하는 관점에서 다른
체약국에서의 재판례 등을 참고로 하여 그 고려사항 가운데 중요
한 것을 예시하는 해석기준에 관한 조항을 두고 있다. 상술하면,
실시법 제28조 제2항은 "법원은 전항 제4호에서 들고 있는 사유의
유무를 판단함에 있어서는 다음에서 드는 사정 기타의 일체의 사
정을 고려하는 것으로 한다"라고 하여, 동조 제2항 4호가 규정하는
아동에의 '중대한 위험'의 해석에 관한 해석규정을 별도로 두고 있
다. 규정된 고려사항은 모두 세 가지인데, 첫째, 상거소국에서 아
동이 청구인으로부터 신체에 대한 폭력 기타 심신에 유해한 환경
을 미치는 언동(폭력 등)을 받을 우려가 있는지의 유무, 둘째, 상대
방(피청구인) 및 아동이 상거소국에 입국한 경우에 상대방이 청구
인으로부터 아동에게 심리적 외상을 부여할 수 있는 폭력 등을 받
을 우려가 있는지의 유무, 셋째, 청구인 또는 상대방이 상거소국에
서 자를 양육할 것이 곤란한 사정의 유무 등이 중대한 위험의 판단
요소라고 한다. 실시법 제28조 제2항 제1호는 청구인의 자(子) 자
신에 대한 폭력 등을 문제 삼는 것임에 반해서, 동항 제2호는 청구
인의 상대방 배우자(피청구인)에 대한 폭력 등을 문제 삼고 이로 인
해 子에게 부여되는 심리적 악영향을 중대한 위험으로 인정하는

---

35) 2013년 6월 19일 법률 제48호「국제적인 子의 탈취의 민사적 측면에 관한
    조약에 관한 법률(国際的な子の奪取の民事上の側面に関する条約の実施に
    関する法律)」이 공포되었고, 2014년 4월 1일부터 시행되고 있다.

36) 이하, 일본의 협약국내실시법의 상세한 입법과정과 내용분석에 대해서는
    곽민희, 헤이그아동탈취협약의 국내이행입법에 관한 검토 ─ 일본의 헤이그
    아동탈취협약 실시법으로부터의 시사 ─, 가족법연구 제28권 제2호 참조. 3
    면부터 28면에서 재인용.

것이다. 또한 제3호는 아동을 상거소국에 반환한 경우에, 그곳에서 누구에게도 적절한 감호를 받을 수 없게 될 가능성이 높은 경우가 동조 제1항 제4호의 반환거부사유에 해당하는 전형례임을 전제로 한 것이다.[37] 이 가운데, 청구인 측의 사정으로서는 그가 약물중독이나 알콜의존증인 경우 등을 들 수 있고, 상대방 측의 사정으로서는 상대방이 상거소국에 적법하게 입국하거나 체재하는 것이 불가능한 경우나, 그에 대한 체포장이 발부되어 있거나 형사소추됨으로써 입국 즉시 신병이 구속될 우려가 있는 경우 등이 이에 해당하는 것으로 생각된다. 특히 두 번째 고려요소와 관련해서는 앞서 살펴본 바와 같이, 미국이나 영국에서와 달리 아동에 대한 직접적 폭력이 아니라 탈취부모인 피청구인에 대한 폭력 등도 중대한 위험이 될 수 있음을 규정하고 있다고 할 수 있다.

5. 대상판결의 의의

가정폭력 사안에서는 협약상 반환거부사유 중 중대한 위험의 항변이 문제되는 경우가 가장 많다고 할 수 있다. 중대한 위험의 인정에 대해서는 대체로 엄격한 해석 원칙을 고수하고 있지만 가정폭력 사안에서는 일정한 완화의 경향이 보이고 있음은 전술하였다. 즉, 중대한 위험의 증명 정도를 완화하거나 당사자가 증명하지 못하는 경우에도 보호조치를 잠정적 조건으로 반환명령을 내리거

---

37) 나아가 법원은 최종적으로는 제28조 제2항 각호에 예시된 위 세 가지의 고려사정 외에도, 재판에 나타난 일체의 사정을 종합적으로 고려해서 「중대한 위험」이 있는지의 여부를 판단할 수 있다. 즉, 위 각호에 예시된 사유가 없다고 하여 곧 반환결정이 내려지는 것은 아니라는 취지를 명확히 하기 위해, 제28조 제2항에서 「기타 일체의 사정」을 고려하는 취지를 명기하고 있다.

나 구체적이고 개별적인 아동의 복리 또는 실체적 복리의 관점에
서 국내법원에 적극적인 조사 의무를 부과하는 등 급진적인 실무
경향도 보인다.[38] 나아가 대상판결이 다루는 쟁점과 같이 탈취부
모가 주요한 양육자이고 탈취부모(피청구인)에 대한 가정폭력이 아
동에 대한 중대한 위험이 될 수 있는가에 대해서 생각건대, 체약국
의 태도와 개별 사안에서의 아동복리를 고려할 때 우리 대상판결
의 결론은 타당하다고 할 수 있다. 다만, 전술한 체약국 실무에 비
추어 다음과 같은 점에 대한 보다 구체적인 설시가 있었다면 우리
대법원의 판결이 더욱 의미가 있었으리라 생각된다.

(1) 협약 해석 원칙과 가정폭력 사안의 특수성

본건과 같이 체약국 실무에서 매우 중요한 의미를 가지는 사안
을 판단함에 있어서, 우리 대법원은 협약의 일반적 해석 원칙에 대
한 우리 법원의 입장과 그 원칙-예외라는 해석 기준에 관한 명제를
명확히 적시하지 않고 있다는 점에는 아쉬운 측면이 있다. 왜냐하
면 대법원 판결은 일반적 해석 원칙과 근거로서의 의미를 가지고
있고 변경되지 않는 한 그 자체로 완결된 판단기준이 되므로, 그
해석 원칙과 예외에 대한 명제를 분명히 할 필요가 있기 때문이다.
대상판결의 판시사항만으로는 이행법률 및 협약 적용상 신속한 반
환원칙과 반환거부(예외)사유의 관계 및 일반적 해석 기준을 추단
하기 어렵고 오직, 협약 반환거부사유의 중대한 위험에 대한 해석
에만 집중하고 있어 그야말로 협약의 본질적 성격과 목적에 대한

---

38) 헤이그 아동반환 사건에서 협약과 이행법률의 적용상 국내 법원의 심사 권
한과 범위에 관한 유럽인권법원의 최근 판결[Neulinger and Shuruk v.
Switzerland (App.No.41615/07) E.C.H.R (GC) 6 July 2010, (2012) 54
E.H.R.R 31]을 둘러싼 논쟁에 대해서는 곽민희(註18), 46면부터 55면 참조.

다른 체약국 법원의 심도 있는 고민과 예외 적용의 '예외성'이 강조
되는 이유에 대한 우리 법원의 인식이 나타나 있다고 보기 어렵다.
적어도 원심판결은 이 점을 인식하고 있는 듯하지만, 대법원 판결
그 자체만으로는 이러한 인식이나 문제의식이 나타나 있지 않다.
대상판결의 중요성을 고려할 때 협약 해석 원칙에 대한 명시적 확
인 혹은 선언을 통해서 향후 법원 실무 해석 방향을 제시할 필요가
있었다고 생각된다. 즉, 대상판결에서와 같은 완화된 해석의 가능
성은 가정폭력이라는 특정한 사안에서의 특수성을 고려하여 협약
전체의 틀을 해치지 않는 범위에서만 예외적으로 허용되는 점이라
는 점에 주의해야 한다. 요컨대, 대상판결의 결론의 타당성을 수긍
하더라도 본 사안은 협약 적용에 있어서 국내법원의 중요한 선례
가 되는 만큼 향후 우리 법원이 반환거부사유 특히 우리 이행법률
제12조 제4항 제3호(협약 제13조 제1항 b호)의 중대한 위험의 해석
을 어떻게 해야 하는지에 대한 진지한 고민이 필요하다.

(2) 국내법원의 심사 범위와 정도

체약국 실무에 따르면, 가정폭력 사례에서 부나 모 일방에 대한
폭력 내지 주요한 양육자인 탈취부모와의 분리, 형제자매와의 분리
등이 일반적으로 곧 자에 대한 직접적인 위험이라고 평가할 수 있는
것은 아니다. 이와 같은 사례에서는 가정조사관이나 아동심리학자
등 전문가의 조사를 활용하여 아동에 대한 직접적 폭력으로 발전하
거나 자녀가 이를 목격함으로써 심리적인 외상을 입을 가능성이 있
는지의 여부 등도 판단의 자료로써 고려될 수 있을 것이다. 다만, 이
와 같은 태도는 영국법원에서 지적되는 바와 같이, 자칫 양육권 본
안 판단에서와 같은 정도의 심화된 조사(an in-depth examination)로
나아갈 수 있고 협약의 틀 전체를 손상시키는 결과를 초래할 수 있

다는 지적에 주의해야 한다.[39] 즉, 아동의 상거소국의 법원이 자의 복지에 관한 상세한 검토를 시작한다면 그와 같은 양육권 본안에 관한 결정을 자의 상거소국의 법원에 맡기기 위한 신속한 반환의 구조는 적절하게 기능하지 않고, 협약의 목적이 손상될 위험성이 있으므로 협약상 반환거부사유를 제한적으로 해석할 필요성은 여전히 인정된다. 이와 관련하여, 참고로 최근 유럽인권법원에서 내려진 소위 Neulinger 판결[40]을 계기로 촉발된 국내 법원의 심사 범위와 권한에 대한 논의는 향후 체약국 법원의 해석의 실무 방향에 매우 중요한 의미를 지닌다. 이 판결에서 국내 법원은 가족전체의 상황(the entire family situation)을 포함하여, 아동에 대해 사실적 · 감정적 · 심리적 · 물리적 · 의학적인 성질을 가지는 일련의 요소전체에 관해 「심화된 조사(an in-depth examination)」를 행하였는지의 여부, 그러한 전제에서, 각인의 이익에 대해서 균형을 맞춘 합리적인 평가(a balanced and reasonable assessment)를 행하였는지 여부, 아동을 상거소국으로 반환하는 경우 최선의 해결책을 정하는 것에 항상 유의하였는지의 여부를 확인하여 결정해야 한다고 판시하였기 때문이다. 이러한 심사는 협약의 목적과 협약 내에서 본안판단을 금지하고 있다는 점에 비추어 자칫 심화된 심사가 협약의 목적이나 적정성을 해할 가능성이 있음을 분명히 지적하고 있음에도 헤이그 협약의 종래 엄격한 해석 방침에 대한 혼란을 초래하고 있다.[41] 따라

---

39) E Pérez-Vera, "Explanatory Report on the Hague Convention on the Civil Aspects of International Child Abduction"(1982)〈http://www.hcch.net/upload/expl28.pdf〉 accessed 20 Sep 2012, para 34.

40) Neulinger and Shuruk v Switzerland (App.No.41615/07) E.C.H.R (GC) 6 July 2010, (2012) 54 E.H.R.R 31 판결 이전의 *Maumousseau and Washington v France* (App.No.39388/05) 6 Dec 2007, (2010) 51 E.H.R.R 35 등 참조.

서 향후 우리 법원도 이러한 논란에 대한 심도 있는 고민에 근거하여 헤이그 사안을 다룸에 있어서 국내 법원의 조사 권한과 판단 범위에 대한 입장을 정리할 필요가 있다.[42)

---

41) 이 판결의 의미에 대한 논란을 불식하고자, 당시 인권법원소장이었던 Jean-Paul Costa 씨가 이 판결이 협약의 엄격한 해석 원칙을 부정하는 것은 아니라는 견해를 표명(JP Costa, 'The Best Interests of the Child in the Recent Case-law of the European Court of Human Rights'〈http://www.hcch.net/upload/wop/abduct2011info05_en.pdf〉accessed 20 Sep 2012, [2011] IFL 183)하였고, 헤이그국제사법회의에서도 본 판결에 대한 확대 해석을 자제하고자 하였다. 이에 대한 자세한 설명은 北田真理, 「ハーグの奪取条約に基づく返還命令における「重大な危険」の評価と子の最善の利益」法研論集第144号(2012.12), 37頁-39頁.

42) 한편, 본고에서는 중대한 위험의 항변에 관해서만 다루고 있지만, 이 사건에서 사건본인들은 1심 결정 당시 만 11세 및 만 10세였는데, 협약상 아동이 만 16세 미만임을 감안하면 사건본인들은 "아동의 의견을 고려하는 것이 적절할 정도의 연령과 성숙도"에 이르렀다고 보아 아동의 의사에 근거한 반환사유의 인정 여부에 대해서도 고려할 필요가 있었다는 지적[권영준, 2018년 민법 판례 동향, 서울대학교 법학 제60권 제1호, 2019, 381면]도 경청할 만하다.

참고문헌

곽민희, 결혼이민과 헤이그 국제아동탈취협약의 적용, 가천법학 제8권
　4호, 2015.

곽민희, 헤이그 국제아동탈취협약 이행현황에 관한 연구 ― 중앙당국의
　실무상 역할과 기능을 중심으로 ―, 법무부, 2015.

곽민희, 헤이그 아동탈취협약 적용사건에 관한 각국의 판결 및 이행입법
　의 쟁점별 분석, 법학연구 제24권 제1호, 2016.

곽민희, 헤이그아동탈취협약의 국내이행입법에 관한 검토 ― 일본의 헤
　이그아동탈취협약 실시법으로부터의 시사 ―, 가족법연구 제28권 제2
　호, 2014.

곽민희, 헤이그아동탈취협약의 해석상 「중대한 위험」과 子의 利益, 민
　사법학 제67호, 2014.

권영준, 2018년 민법 판례 동향, 서울대학교 법학 제60권 제1호, 2019.

석광현, 국제아동탈취의 민사적 측면에 관한 헤이그협약과 한국의 가입,
　서울대학교 법학 제54권 제2호, 2013.

석광현, 이혼 기타 혼인관계사건의 국제재판관할에 관한 입법론, 국제사
　법연구 제19-2호, 2013.

A. Shulz, "The enforcement of child return order in Europe: Where
　do we go from here?", (2012) IFL 43.

Beaumont & McEleaby, The Hague Convention on International Child
　Abduction, Oxford University(1999).

Boele-Woelki, K./C. Gonzáles Beilfuss, "The Impact and Application
　of the Brussels II bis Regulation in the Member States: Comparative

Synthesis", Brussels II bis: Its impact and Application in the Member States, European Family Law Series(Intersentia 2007).

Boele-Woelki, Katharina et al., Principles of European Family Law Regarding Divorce and Maintenance between Former Spouse (Anwerp-Oxford, 2004).

Boele-Woelki, Katharina et al., Principles of European Family Law Regarding Parental Responsibility(Anwerp-Oxford, 2007).

Borrás, Alegría, "Protection of Minors and Child Abduction under Hague Conventions and the Brussels II bis Regulation", Japanese and European Private International Law in Comparative Perspective (Juergen Basedow et al. eds., Mohr Siebeck Gmbh & Co. K; 1. Auflage, 2008).

Carl, C. and Erb-Klunemann, M., Integrating Mediation into Court Proceedings in Cross-Border Family Cases. C. Paul and S. Kiesewetter(eds.). Cross-Border Family Mediation, Frankfurt am Main 2011.

Carl, E. Moglichkeiten der Verringerung von Konflikten in HKU-Verfahren. FUR 2001.

Christina Piemonte, Tulane Journal of International and Comparative Law, 22 TLNJICL 191(2013).

E Pérez-Vera, "Explanatory Report on the Hague Convention on the Civil Aspects of International Child Abduction"(1982).

Eran Sthoeger, "International Child Abduction and Children's Rights: Two means to the same end", MIJIL 511(2011).

H. Weiner, International Child Abduction and the Escape from Domestic Violence, 69 Fordham L. Rev. 593, 601-02(2000).

Ingeborg, Schwenzer, Model Family Code; From Global Perspective (Antwerpen- Oxford, 2006).

J Chamberland, 'Whither the "best interests of the child" in the 1980 Child Abduction Convention?' [2012] IFL 27.

Jeremy D. Morley, "Some Notes on the United States' Interpretation of the Hague Abduction Convention", at 2009 IAML Annual Meeting.

JP Costa, 'The Best Interests of the Child in the Recent Case-law of the European Court of Human Rights'IFL 183(2011)(http://www.hcch.net/upload/wop/ abduct2011info05_en.pdf.

L Silberman, 'Recent US and European Decisions on the 1980 Hague Convention on Child Abduction'[2012] IFL 53.

McEleavy, P., "The Communitarizaiton of Divorce Rules; What Impact for English and Scottish Law?", International and Comparative Law Quartely 2004.

Nehls, K., Die Vollstreckung von Ruckfuhrnugsentscheidungen nach dem HKU. ZKJ 2008.

Nigel Lowe, 'A Supra-National Approach to Interpreting the 1980 Hague Child Abduction Convention-a Tale of Two European Courts : Part 2' [2012] IFL 170.

Nigel Lowe, 'The enforcement of Custody and Access Decision under the Revised Brussels II Regulation' [2011] IFL 21.

Nigel Lowe, A Statistical Analysis of Applications Made in 2003 Under the Hague Convention of 25 October 1980 on the Civil Aspects of International Child Abduction 21-23 (2006).

Nigel Lowe, A Statistical Analysis of Applications made in 2008 under the Hague Convention of 25 October 1980 on the Civil Aspects of

International Child Abduction, Permanent Bureau(2011).

Nygh, Peter, The New Hague Child Protection Convention, International Journal of Law, Policy and the Family vol.11, no.3 (1997).

Paul R. Beaumont & Peter E. McEleavy, "The Hague Convention on International Child Abduction"(1999, Oxford).

Rhona Schuz, The Hague Child Abduction Convention and Children's Rights, 12 Transnat'l L. & Contemp. Probs. 393(2002).

Sarah Vigers, Mediating International Child Abduction Cases, HART (2011).

Thalia Kruger, Internaitonal Child Abduction; The Inadequacies of the Law, HART(2010).

Van Loon, J. H. A., "Unification and co-operation in the field of International family law: a perspective from The Hague", Symposium of Forty Years of International Law, held in the T.M.C. Asser Institut, on 28 September 2006.

Walker and Beaumont, 'Shifting The Balance Achieved by the Abduction Convention: The Contrasting Approaches of the European Court of Human Rights and the European Court of Justice' (2011) 7 (2) J Priv Int L 23.

Wheeler, 'Re E (Children): Understanding the Implications of Neulinger and Maumousseau' (2011) IFL 224.

江島晶子,「ヨーロッパ人権裁判所の解釈の特徴」戸波江二ほか編『ヨーロッパ人権裁判所の判例』信山社(2008).

建石真公子,「批判」国際人権22号(2011).

「国際的な子の奪取に関するハーグ条約関係裁判例についての委嘱調査」報告書(2011.5.24.).

磯谷文明・杉田明子,「ハーグ条約の実務上の課題(1)」自由と正義61巻
　　11号(2010).

堂園幹一郎,「ハーグ条約に基づく子の返還のための裁判手続等の概要」
　　民事月報 第68巻 9号.

堂園幹一郎,「ハーグ条約に基づく子の返還のための裁判手続等の概要」
　　法の支配 第171号.

堂園幹一郎・西岡達史,「国際的な子の奪取の民事上の側面に関する条
　　約の実施に関する法律(いわゆるハーグ条約実施法)の概要」法律のひ
　　ろば(2013.9).

大谷美紀子,「子の連れ去りに関するハーグ条約」 法律時報83巻12号
　　(2011).

大村敦志,『家族法』(有斐閣, 2004).

渡辺惺之,「国際的な子の奪取の民事面に関する条約の批准をめぐる検
　　討問題(上)」戸籍時報674号(2011).

北田真理,「ハーグの奪取条約に基づく返還命令における「重大な危険」
　　の評価と子の最善の利益」法研論集第144号(2012.12).

早川眞一郎,「ハーグ子奪取条約』断想 ─ 日本の親子法制への一視点」
　　ジュリスト1430号.

早川真一郎・大谷美紀子,「日本のハーグ条約加盟をめぐって」ジュリ
　　スト第1460号(2013.11).

鳥澤孝之,「国際的な子どもの連れ去り─『ハーグ条約』の批准をめぐっ
　　て」レファランス4月号(2012).

상 속

상속개시 후 상속재산분할심판 확정시 사이에 발생한 과실(果實)의 귀속문제

—대법원 2018.8.30. 선고 2015다27132, 27149 판결—

박동섭[*]

Ⅰ. 사실관계

피상속인 이영자(가명)가 사망하면서 재산 200억여 원을 남기었고, 그 상속인으로 장남(피고)과 차남(원고)이 있었다. 남편은 그 이전에 이혼하여 상속인 자격이 없었다. 상속개시 당시 상속인이 형제 2명뿐인 줄 알고 두 형제가 의좋게 1/2씩 나눌 수 있었다. 그런데 상속이 개시되자, 전남편의 자식 2명(異姓同腹兄弟)이 나타나 친자소송을 거쳐 상속인으로 가담하였다. 차남인 원고는 이성(異姓) 형제 중 1명에게서 그 상속분을 양수하여 결국 그는 전체 상속재산의 1/2지분권자가 되었다. 상속개시 후 장남과 차남은 이 사건 부동산 TG빌딩에서 들어오는 월세(임료)를 절반씩 수령하고 있었

---

[*] 변호사 · 법학박사.

다. 상속재산분할 확정시까지 장남이 수령한 임료의 액수는 4억여 원에 이르고 있었다[전체 임료액(1,663,269,142원)에서 자기의 지분 1/4액].

피고(장남)는 상속개시 이전에 이미 특별수익(약 90억 원 상당)을 하여, 정작 그 어머니 이영자 사망으로 인한 상속개시 당시에는 더 이상 분배받을 것이 없어서 분할액수는 "0"이 되었다. 원고는 상속세 대납분, 임료상당 4억여 원 등 7억여 원을 피고가 부당이득하였으니 반환하라고 청구하였다. 상속재산분할 소송에서 위 TG빌딩은 원고의 단독소유로 확정되었다. 그러므로 상속개시 시점부터 상속재산분할 확정시까지 사이에 TG빌딩에서 발생한 과실(임료)는 당연히 원고에게 귀속되어야 한다고 주장하였다. 피고(장남) 측에서 원고를 상대로 반소를 제기하면서, 상속개시 시점부터 상속재산분할확정 시점까지 동 빌딩을 점유하여 사용하였으니 이는 권원 없는 부당 사용으로서 그로 인한 임료상당 부당이득금을 반환하라고 주장하였다(이 빌딩점유 부분은 여기서 논외로 한다).

제1심 법원: 원고 전부 승소 판결. 제2심 법원: 과실(월세 부분)과 빌딩의 점유에 따른 부당이득 부분 양쪽에 걸쳐 제1심판결을 취소하고, 원고 일부승소판결을 하였다.

II. 원심판결

서울고등법원 2015.4.16. 선고 2014나47773(본소), 47780(반소) 판결은 아래에서 보는 학설 중 **공유재산설을 채택하여**, '상속재산분할 불확정기간' 중에 발생한 상속부동산의 차임 등 상속재산의 과실은 … **상속인들의 공유재산이라고 판단**하고 … 공동상속인들은 **자신의 법정상속분에 따라** 취득할 권리를 가진다고 하면서, 원고는 피고에게 과실의 일부를 부당이득으로 반환하여야 한다(구체적으로는 전체차임 1,663,269,142원 중 1/4에 해당하는 4억 1,581만 7,285원)고 판시하였다. 그러나 실제로 피고는 임료로 444,764,753원을 이미 수령하고 있었다.

Ⅲ. 대법원판결

상속개시 후 상속재산분할이 완료되기 전까지 상속재산으로부터 발생하는 과실(이하 '상속재산 과실'이라 한다)은 상속개시 당시에는 존재하지 않았던 것이다. 상속재산분할심판에서 이러한 상속재산 과실을 고려하지 않은 채, 분할의 대상이 된 상속재산 중 특정 상속재산을 상속인 중 1인의 단독소유로 하고 그의 구체적 상속분과 특정 상속재산의 가액과의 차액을 현금으로 정산하는 방법(이른바 대상분할의 방법)으로 상속재산을 분할한 경우, 그 특정 상속재산을 분할받은 상속인은 민법 제1015조 본문에 따라 상속개시된 때에 소급하여 이를 단독 소유한 것으로 보게 되지만, **상속재산 과실까지도 소급하여 상속인이 단독으로 차지하게 된다고 볼 수는 없다.** 이러한 경우 상속재산 과실은 특별한 사정이 없는 한, 공동상속인들이 수증재산과 기여분 등을 참작하여 상속개시 당시를 기준으로 산정되는 **'구체적 상속분'의 비율**에 따라, 이를 취득한다고 보는 것이 타당하다.

이와 달리 원, 피고의 구체적 상속분에 대한 심리 없이 공동상속인들은 상속재산 과실을 자신의 **법정상속분**에 따라 취득할 권리를 가진다는 전제하에 상속개시 후 상속재산분할 확정시까지 상속재

산에서 발생한 차임 수입 또는 차임 상당 부당이득 반환청구를 판
단한 원심을 상속재산 과실의 귀속에 관한 법리 오해를 이유로 파
기하였다.

IV. 해 설

1. 대상판결의 논점

가. 상속개시의 시점으로부터 상속재산분할 확정시점까지 사이에
발생한 상속재산의 과실은 어떻게 분할하여야 할 것인가? 이것이 논
점이다.[1)

상속개시 후 현실적인 상속재산분할이 이루어질 때까지의 사이
에, 여러 가지 사정에 따라 상당한 시간이 걸리는 경우가 더러 있
다. 그사이에 상속재산의 변동, 상속재산의 멸실·훼손, 제3자에
게 처분하는 등의 일이 발생할 수 있다. 상속재산의 보존·수리를
위한 관리비용의 지출, 상속재산의 임대에 따른 임료, 이자, 주식
의 배당 등 과실(果實)이 생기는 수도 있다. 상속재산분할의 대상
을 정하는 기준시점, 상속재산평가의 기준시점으로 상속개시시설
을 취하는 경우에는 상속재산분할에서 위와 같은 상속재산의 변동
을 고려할 여지는 없다. 그러나 분할시설을 취하는 경우 상속재산
에 생긴 위와 같은 변동을 분할심판 절차상 어떻게 취급하여야 할
것인가? 여기서는 상속재산에 생긴 변동의 하나인 상속재산에서

---

1) 이 판례의 원심판결[서울고등법원 2015.4.16.선고 2014나47773(본소),
47780(반소) 판결]에 대한 평석은 박동섭, "상속재산에서 생긴 수익", 서울
지방변호사회 판례연구, 제29집 제2호(2015), 179~193 참조.

생긴 수익(收益)을 상속재산분할의 대상으로 삼을 수 있을지 여부를 중심으로 이 문제를 검토한다.[2]

나. 상속재산에서 생긴 수익(收益)의 종류

상속재산에서 생기는 수익에는 천연과실(天然果實)과 법정과실(法定果實)이 있다. 전자는 원물(元物)에서 산출된 과실로서 예컨대, 과일, 동물의 새끼, 우유, 양모, 광물 등이 있고, 후자에는 원물을 타인에게 이용하게 하여 그 대가로서 수익하는 과실로서 토지의 사용료, 임료, 예금의 이자, 주식의 배당금 등이 있다. 이상의 것 외에 상속재산에 자금이나 노동력을 투입하여 얻은 이익 예컨대, 개인상점의 영업이익, 선박을 이용하게 하여 얻은 순익 등도 위에 준하여 생각할 수 있다. 그러나 입목(立木)의 성장이라든가, 물가의 상승 등에 따른 가치의 증가부분은 상속재산 그 자체의 평가문제이므로, 여기에서 말하는 수익에는 포함시킬 수 없다.[3]

2. 이론적 검토

상속재산인 부동산의 임료나 사용료 등 상속재산에서 발생하는 법정과실(法定果實)은 상속재산인가? 가령 상속재산이 아니라고 한다면 분할의 대상도 아닌가? 민법 제1015조(분할의 소급효)와 관련하여 수익을 어떻게 처리할 것인가에 관하여 아래와 같이 학설이 대립하고 있다.

---

2) 日野忠和, 「遺産から生じた收益」, 判例タイムズ No.688(1989.4.10.), 88~89.

3) 日野原昌, 「상속재산의 관리비·수익」, 상속재산분할의 연구, 201.

가. 단독재산설

이 학설은 민법 제1015조의 소급효를 중시하여 분할의 결과 수익을 발생케 한 상속재산, 수익의 원천이 되는 재산을 단독으로 취득하게 된 상속인이 그 수익도 취득하고, 따라서 수익은 분할심판의 대상이 될 수 없다고 설명한다(민법 제1015조의 소급효 중시설).[4]

이에 대한 비판으로는 기본이 되는 상속재산을 취득한 사람이 당연히 그 수익까지도 취득한다면, 재판사건의 심리에 나타나지 아니한 수익의 다과(多寡)에 따라 공동상속인들 사이의 형평을 해칠 우려가 있다고 한다. 또 단독재산설은 일견 상속재산분할 소급효의 논리적 귀결이라고 보이나, 민법(일민 제909조, 한민 제1015조)이 분할의 소급효를 규정한 것은, 그렇게 함으로써 각 상속인은 상속으로 얻은 권리를 다른 공공상속인을 통하지 않고, 직접 피상속인으로부터 승계한 것이라고 설명하기 위한 것이어서, 그 소급효는 법기술상의 의제에 불과하고, 상속개시 후의 법률관계를 실체적으로 확정시키는 취지의 것이라고는 생각되지 않는다고도 논평하고 있다.[5]

나. 공유재산설

상속재산에서 생긴 수익은 상속재산과는 별개의 공동상속인의 공유재산이므로 그 귀속에 다툼이 있는 경우에는 소송으로 해결하여야 한다고 해설한다. 이 학설 중 어떤 견해에서는, 상속재산이 자연히 증가한 것이 수익이므로 그것은 실제로 상속재산과 일체가 된 것이다. 그러므로 수익은 당연히 분할의 대상이 된다고 한다.

---

4) 임채웅, 상속법연구, 2011, 박영사, 97~98; 京都家審 1963.8.2. 家月 15권 11호, 124(이하에서는 家月 15-11, 124로 표기).

5) 日野忠和, 전게논문, 89.

요컨대 수익은 원칙적으로 상속재산이 아니고 각 공동상속인이 상속분에 응하여 당연하게 취득하는 그들의 공유재산으로서 공유물분할의 소에 의하여 처리하여야 할 것이지만, 공동상속인 전원의 합의가 있는 경우에는 상속재산분할의 대상으로 할 수 있다고 한다.6)

다. 절충설

그러나 대부분의 긍정설은, 수익은 상속재산이 아니지만 공동상속인 간의 형평을 도모하는 의미에서 대상(代償)재산과 마찬가지로 분할대상이 된다고 한다.7)

라. 판 례

(1) 일본의 경우

일본의 실무는 도쿄가정재판소 소화 55(1980).2.29. 심판 이후 위 공유재산설에 따르고 있다고 한다. 도쿄가정재판소 심판은 상속재산인 건물에서 생긴 가임(家賃: 집세)에 관하여, 절충설의 견해를 채용하여 심판한 사례이고, 동 심판의 항고심인 도쿄고결 소화 56 (1981).5.18.도 마찬가지의 견해를 취하고 있으며, 그 후의 실무에서 지지를 받고 있다(도쿄고결 소화 61.1.24. 판례집 미등재)고 한다.

---

6) 김소영, "상속재산분할", 민사판례연구 [XXV], 2003, 박영사, 777~779; 김창종, "상속재산의 분할", 「상속법의 제문제」, 재판자료 제78집, 법원도서관(1998), 191; 윤진수, "상속재산분할에 있어서 초과특별수익의 취급", 판례월보 제333호(1998.6), 26.

7) 김주수·김상용, 친족상속법(제15판), 729; 대법원 2016.5.4. 선고 2014스122 결정.

(2) 우리나라의 경우

우리나라의 실무사례 중에는 상속개시 후에 수령한 임료에 관하여는 공동상속인들의 협의에 의해 공동상속인들의 법정상속지분에 따라 이를 분할하였으므로 이는 분할의 대상이 되는 상속재산에서 제외된다고 하여, 이러한 합의가 없다면 분할대상이 될 수 있는 것처럼 판시한 것(서울고등법원 1991.1.18. 선고 89르2400 판결)이 있고, 상속개시 이후에 배당받은 주식에 대한 배당금(서울가정법원 1996.2.28.자 92느7700 · 94느3070 심판, 하급심판결집에 실리지 않은 것이다)을 분할대상으로 삼은 것이 있다.

대법원판례 중에는 위 단독 재산설을 채택한 것이 있다.

즉,「민법 제1014조에 따른 상속분상당 가액지급청구에 있어 가액산정의 대상에 상속재산의 과실에 포함되는지 여부」부분에서, 인지(認知) 전에 공동상속인들에 의해 이미 분할되거나 처분된 상속재산은 이를 분할받은 공동상속인이나 공동상속인들의 처분행위에 의해 이를 양수한 자에게 그 소유권이 확정적으로 귀속되는 것이며, 그 후 그 상속재산으로부터 발생하는 **과실은 상속개시 당시 존재하지 않았던 것이어서 이를 상속재산에 해당한다 할 수 없고**, 상속재산의 소유권을 취득한 자(분할받은 공동상속인 또는 공동상속인들로부터 양수한 자)가 「민법」제102조에 따라 그 과실을 수취할 권능도 보유한다고 할 것이며,「민법」제1014조도 '이미 분할 내지 처분된 상속재산' 중 피인지자의 상속분에 상당한 가액의 지급청구권만을 규정하고 있을 뿐 '이미 분할 내지 처분된 상속재산으로부터 발생한 과실'에 대해서는 별도의 규정을 두지 않고 있으므로, 결국 「민법」제1014조에 의한 상속분상당가액 지급청구에 있어 상속재산으로부터 발생한 과실은 그 가액산정 대상에 포함된다고 할 수 없다」[대법원 2007.7.26. 선고 2006므2757, 2764 판결, 집

55(2)가, 411면; 공보2007.9.1.(281), 1369면 참조]고 판시하고 있다.

공동상속인들이 상속재산을 이미 분할하거나 처분한 이후, 새로 나타난 상속인(인지된 자녀)은 상속재산에서 발생한 과실에 대하여는 상속분상당 가액산정의 대상에 포함시킬 수 없다는 것이다.

마. 이 사건 상고인의 의견(상고이유서)

위 학설들은 어느 것이나, 상속인들 사이의 상속재산의 공평분배의 실현을 그 목적으로 삼고 있다. 가령 이미 피상속인에게서 생전증여를 특별히 많이 받은 상속인(초과특별수익자)도 없고, 배우자상속인이나 호주상속인(개정 전 민법시대)도 없다면, 상속개시 당시 남겨진 상속부동산, 상속예금 등은 공동상속인들의 머릿수로 평등하게(이른바, 1/n) 분할·분배하면 된다. 나아가 상속부동산에서 생긴 임료나 사용료, 상속예금에서 생긴 이자 등도, 상속개시 후 공동상속인들의 머릿수(1/n씩)로 나누면 아무런 문제가 없다.

그러나 이 사건의 경우와 같이 피고가 장남으로서 평소 피상속인인 어머니의 사랑을 더 많이 받아서, 생전에 법정상속지분보다 31억여 원이나 더 많은 재산을 증여받은 상속인, 즉 **초과특별수익자인 경우**, 상속개시일(2009.1.18.)부터 상속재산분할심판 확정일(2013.4.26.)까지의 기간(원심은 이 기간을 '상속재산분할 불확정기간'이라고 명명하고 있다) 동안 상속부동산(나중에 원고의 단독소유로 귀속 분할 확정)에서 발생한 임료에 대하여도 법정상속분대로 청구할 권리가 있다고 할 것인가? 상속개시 당시 실제로 어머니가 남겨 준 상속재산에 대하여는 분할당사자가 될 수 없다고 상속재산분할 심판에서 제외된 상속인도 그러한가?

원심판결은 앞에서 거론한 학설 중 **나. 공유재산설을 채택하여**, '상속재산분할 불확정기간' 중에 발생한 상속부동산의 차임 등 상속재산의 과실은 … **상속인들의 공유재산이라고 판단**하고 … 공동상속인들은 자신의 법정상속분에 따라 취득할 권리를 가진다고 하면서, 원고는 피고에게 부당이득으로 이를 반환하여야 한다(구체적으로는 전체차임 1,663,269,142원 중 1/4에 해당하는 4억 1,581만 7,285원)고 판시하고 있다. 그러나 실제로 피고(장남)는 임료로 444,764,753원을 이미 수령하고 있었다.

원심의 판단과 계산대로 하더라도, 피고는 '상속재산분할 불확정기간' 중 발생한 전체 임료액(1,663,269,142원)에서 자기의 지분액(= 415,817,285원 = 1,663,269,142 × 1/4)을 초과하는 28,947,468원(= 444,764,753 - 415,817,285)을 더 받았으므로 피고는 원고에게 이를 반환하여야 할 것이다.

그러나 원심의 이런 이론과 판결은 상속재산의 공평분배라는 법의 이념과는 거리가 먼 해석이라고 생각된다.

구체적인 예를 들어보자. 이 사건 원고와 피고 사이의 상속재산분할 심판청구사건도 피고(장남)의 재판지연작전에 따라 원고의 제소(2009.5.11.) 후, 항고 재항고를 거쳐 최종적으로 대법원의 재항고 기각결정(2013.4.26.)이 내려질 때까지 근 4년이나 걸렸다. 4년 동안 발생한 임료만도 상당한 액수에(앞에서 본 16억여 원) 이르는데 이를 모두 상속인들의 공유로 법정지분대로 나누라고 하는 것은 분명히 공평의 원칙에 반(反)한다. 만일 그 심판사건이 2년 전에 확정되었다면, 2년 동안 발생한 임료는 해당 부동산의 단독소유자로 확정된 원고에게 고스란히 귀속될 것이었는데, 법원의 재판지연으로 인하여 초과 특별수익자인 피고(장남)도 한몫 끼어 나누어 받게 된다는 것은 명백히 정의와 형평의 원칙에 어긋나는 결과가 된다. **재판이 길어지면 길어질수록 초과특별수익자도 지분에 따른 분할을 받게 되어 그는 유리하고, 나중에 심판확정시 소유자로 확정된 사**

람은 그만큼 불리하게 된다. 이것이 불합리하다는 사실은 명약관화하다. 재판기간의 장단에 따라 이득을 보는 사람과 손해를 입는 사람이 생긴다는 것은 명백히 잘못된 것이다. 여기에 분명한 기준이 확립되어야 할 것이다. 민법 제1015조(분할의 소급효)는 "상속재산의 분할은 상속 개시된 때에 소급하여 그 효력이 있다. 그러나 제3자의 권리를 해하지 못한다"고 정하고 있다. 이 사건 원, 피고 간의 상속재산분할심판은 2013.4.26. 확정되었지만, 그 효과는 상속개시의 시점, 즉 피상속인 사망시점인 2009.1.18.로 소급하여 효력이 생긴다는 의미이다. 그때부터 원고는 이 사건 TG빌딩의 단독소유자가 되었다는 것이다. 그러므로 이른바, '상속재산분할 불확정기간' 중에 발생한 상속부동산(TG빌딩)의 차임 역시 원고의 단독소유가 되어야 한다. 이는 법조문의 문리해석상 당연한 것이다.

바. 소급효에 관한 학설

상속재산분할의 소급효는 현물분할의 경우에만 인정되고, 상속재산에 갈음하여 대금을 지급하는 가액(환가)분할, 대상분할 등의 경우에는 인정되지 아니한다는 학설이 있다.[8] 학설 중에는 "기본이 되는 상속재산을 취득한 사람이 당연히 수익까지도 취득한다는 설을 취하면 심리에 나타나지 않은 수익의 다과(多寡)에 따라 공동상속인들 사이의 형평을 해칠 우려가 있다"는 비판을 하는 것도 있다. 그러나 이 사건에서는 원고가 어머니 사후(死後)의 분쟁에 대비하여 임료수입과 경비지출에 관한 파일을 따로따로 철저하게 관리하여 이를 법정에 적나라하게 제시하고 있어서, '심리에 나타나

---

8) 김형배, 친족·상속(신조사, 2002), 337; 이화숙, 주석 상속법(상), 436; 高松高決 1961.1.8. 家月 14-7, 62(상속개시 후 공유상태에서 분할 시까지 사이에서 발생한 과실(수익)까지 당연히 분할되는 것은 아니다).

지 아니한 수익'이란 있을 수 없는 것이었다. 이는 실제의 소송현실을 잘 파악할 수 없는 학자들의 기우에 불과하다.

상속재산에서 생긴 수익을 상속재산분할의 대상으로 삼을까 여부의 문제는, 본질적으로는 수익에 대한 공유의 성질을 어떻게 해석할 것인가에 달려있다. 상속재산 분쟁의 전면적 해결과 신속한 심리의 실현이라는 2가지 요청을 어떻게 조화시킬 것인가 하는 실무적인 고려를 동시에 하여야 할 것이다. 일본에서는 절충설이 실무 운용면에서 타당하다고 하고, 앞으로 당사자에게 절차의 선택을 허용하는 근거를 이론적으로 명확하게 하는 방법을 연구하여야할 것이라고 논평하고 있다.[9] 한편 일반적, 추상적 정의와 형평의 실현을 도모할 것인가? 아니면 개별적, 구체적 정의와 형평의 실현을 도모할 것인가? 형식적인 어떤 학설에 얽매이지 말고, 개별적 구체적인 사건에서 상속인들 사이의 공평을 실현하기 위하여 노력하여야 할 것이다.

3. 대상판결의 의의

이 판결은, '상속재산분할 불확정기간' 중에 발생한 과실(차임)에 관하여, 단독재산설(민법 제1015조의 분할의 소급효 중시설)을 채택하지 않고, 공유재산설을 지지하면서, 그 분할방법에 관하여 법정상속분대로 분할할 것은 아니고 구체적 상속분에 따라 분할하라고 판시하여 하나의 기준을 제시한 점에서 의미가 있다고 할 것이다.

---

9) 日野忠和, 전게논문, 89.

참고문헌

곽윤직, 상속법(개정판), 박영사, 2004.

김주수 · 김상용, 친족상속법 - 가족법 - (제15판), 법문사, 2018.

김형배, 친족 · 상속, 신조사, 2002.

박동섭, 친족상속법(제4판), 박영사, 2013.

송덕수, 친족상속법(제4판), 박영사, 2018.

윤진수, 친족상속법강의(제2판), 박영사, 2018.

임채웅, 상속법연구, 박영사, 2011.

김소영, "상속재산분할", 민사판례연구 [XXV], 박영사, 2003.

김창종, "상속재산의 분할", 「상속법의 제문제」, 재판자료 제78집, 법원
도서관(1998).

윤진수, "상속재산분할에 있어서 초과특별수익의 취급", 판례월보 제333호
(1998.6).

日野原昌, 「상속재산의 관리비 · 수익」, 상속재산분할의 연구.

日野忠和, 「遺産から生じた收益」, 判例タイムズ No.688(1989.4.10.).

상속재산 분할 후 모자관계가 밝혀진 경우 민법 제860조 단서 및 제1014조의 적용 여부*
―대법원 2018.6.19. 선고 2018다1049 판결―

정다영**

Ⅰ. 사실관계

　　A(소외 1)는 B와 혼인하여 Y 1(피고 1)을 출산한 후 이혼하는 한편, C와 사실혼 관계를 유지하면서 X(원고, 선정당사자)와 선정자들(이하 'X 등'이라 한다)을 출산하였다. C는 X 등을 당시 법률상 배우자인 D와의 친생자로 출생신고하였다.

　　A는 이 사건 부동산을 소유하다가 2015.1.27. 사망하였다. Y 1은 2015.6.8. 이 사건 부동산에 관하여 상속을 원인으로 한 소유권이전등기를 마친 후, 2015.6.25. Y 2(피고 2)에게 이 사건 부동산을

　＊ 정다영, "생모에 대한 친생자관계존재확인청구와 상속재산분할", 「법학논고」 제65집, 경북대학교 법학연구원, 2019, 173-198면을 판례해설의 취지에 따라 새롭게 작성한 것이다.
　＊＊ 영남대학교 법학전문대학원 조교수, 변호사.

매도하고 그 무렵 소유권이전등기를 마쳐 주었다.

X 등은 2016.2.12. D와 친생자관계부존재, A와 친생자관계존재의 확인을 구하는 소를 제기하였고, 2016.7.1. 그 인용판결이 확정되었다.

II. 소송의 경과

1. 제1심 판결

제1심 법원은 피고 1이 정당한 상속권이 없음에도 재산상속인임을 신뢰케 하는 외관을 갖추고 있는 자나 상속인이라고 참칭하여 상속재산의 전부 또는 일부를 점유하고 있는 자인 참칭상속인에 해당한다고 보아, 이 사건 부동산 중 피고 1 자신의 상속지분(1/5)을 초과하는 나머지 지분(4/5)에 관한 각 소유권이전등기는 원인무효이고, 그에 터 잡아 이루어진 피고 2 명의의 소유권이전등기 또한 원인무효라고 보았다. 따라서 피고들은 소외 1의 공동상속인인 원고 등에게 이를 각각 말소할 의무가 있다고 판시하였다. 피고 2가 이 사건 부동산을 매수할 당시 원고 등의 존재를 알지 못하였다고 하더라도 부동산등기에는 공신력이 인정되지 않으므로, 부동산의 소유권이전등기가 원인무효인 경우 그 등기를 믿고 부동산을 매수하여 소유권이전등기를 마쳤다고 하더라도 그 소유권을 취득한 것으로 될 수 없다는 것이다.

특히 제1심 법원은 생모와 자 간의 친자관계는 자연의 혈연으로 정해지는 것이므로 반드시 호적부의 기재나 법원의 친생자관계존재확인판결로써만 이를 인정하여야 한다고 단정할 수 없다(대법원

1992.2.25. 선고 91다34103 판결, 대법원 1992.7.10. 선고 92누3199 판결 등 참조)고 하면서, 원고 등은 민법 제1014조의 '상속개시 후의 인지 또는 재판의 확정에 의하여 공동상속인이 된 자'에 해당하지 않는다고 보았다. 이를 근거로 이 사건 부동산은 원고 등이 친생자 관계존재확인 등의 소를 제기하기 전 이미 처분되었으므로 민법 제1014조에 따라 상속분상당가액지급청구만 할 수 있다는 취지의 피고의 주장을 배척하였다(창원지방법원 마산지원 2017.4.21. 선고 2016가단10561 판결).

2. 원심판결

원심 법원은 이 사건 부동산에 관한 피고들 패소 부분을 취소하고, 그 취소부분에 해당하는 원고(선정당사자)의 피고들에 대한 청구를 모두 기각하였다. 원심 법원은 제1심 법원과 달리 원고 등은 민법 제1014조의 '상속개시 후의 재판의 확정에 의하여 공동상속인이 된 자'에 해당하여 피고 1을 상대로 이 사건 부동산을 처분하고 피고 2로부터 수령한 매매대금에 대하여 그 상속분에 따라 가액지급청구권만을 행사할 수 있을 뿐, 피고 2에게 소유권이 확정적으로 귀속된 별지 1목록 기재 부동산에 대한 처분의 효력은 부인하지 못한다고 판시하였다.

원심 법원은 민법 제1014조가 상속개시 후에 인지되거나 재판이 확정되어 공동상속인이 된 자가 다른 공동상속인들에 대하여 그의 상속분에 상당한 가액의 지급을 청구할 수 있도록 하여 상속재산의 새로운 분할에 갈음하는 권리를 인정함으로써 피인지자의 이익과 기존의 권리관계를 합리적으로 조정하는 데 그 목적이 있는 것이라는 점을 확인하였다. 이를 토대로 인지 이전에 공동상속인들에 의

해 이미 분할되거나 처분된 상속재산은 민법 제860조 단서가 규정
한 인지의 소급효 제한에 따라 이를 분할받은 공동상속인이나 공동
상속인들의 처분행위에 의해 이를 양수한 자에게 그 소유권이 확정
적으로 귀속되는 것이고(대법원 2007.7.26. 선고 2006다83796 판결),
이러한 법리는 상속개시 후에 친자관계존재확인의 소의 확정에 의
하여 상속인으로 판명된 자가 사후적으로 발생하게 된 경우에도 마
찬가지로 적용된다고 본 것이다(창원지방법원 2017.12.7. 선고 2017나
2155 판결).

Ⅲ. 대법원 판결

대법원은 원고 등과 생모인 A 사이에는 원고 등의 출생으로 당
연히 법률상 친자관계가 생기고 법원의 친생자관계존재확인판결
이 있어야 이를 인정할 수 있는 것이 아니므로, 원고 등과 A 사이
에는 민법 제860조 단서가 적용 또는 유추적용되지 아니하고, 민
법 제1014조를 근거로 원고 등이 피고 1의 이 사건 부동산에 대한
처분의 효력을 부인하지 못한다고 볼 수도 없으며, 이는 비록 피고
1이 이미 이 사건 부동산을 처분한 이후에 원고 등과 소외 1 사이
에 친생자관계존재확인판결이 확정되어 그 모자관계가 비로소 명
백히 밝혀졌더라도 마찬가지라고 보았다. 대법원은 원심판결 중
원고(선정당사자) 및 선정자들 패소 부분을 파기하고, 이 부분 사건
을 원심법원에 환송하면서 다음과 같이 판시하였다.

민법 제860조는 그 본문에서 "인지는 그 자의 출생 시에 소급하여 효력
이 생긴다."고 하면서 단서에서 "그러나 제삼자의 취득한 권리를 해하

지 못한다."라고 하여 인지의 소급효를 제한하고 있고, 민법 제1014조
는 "상속개시 후의 인지 또는 재판의 확정에 의하여 공동상속인이 된
자가 상속재산의 분할을 청구할 경우에 다른 공동상속인이 이미 분할
기타 처분을 한 때에는 그 상속분에 상당한 가액의 지급을 청구할 권리
가 있다."라고 규정하고 있다.

그런데 혼인 외의 출생자와 생모 사이에는 생모의 인지나 출생신고를
기다리지 아니하고 자의 출생으로 당연히 법률상의 친자관계가 생기고
(대법원 1967.10.4. 선고 67다1791 판결 참조), 가족관계등록부의 기재
나 법원의 친생자관계존재확인판결이 있어야만 이를 인정할 수 있는
것이 아니다(대법원 1992.7.10. 선고 92누3199 판결 참조). 따라서 인
지를 요하지 아니하는 모자관계에는 인지의 소급효 제한에 관한 민법
제860조 단서가 적용 또는 유추적용되지 아니하며, 상속개시 후의 인
지 또는 재판의 확정에 의하여 공동상속인이 된 자의 가액지급청구권
을 규정한 민법 제1014조를 근거로 자가 모의 다른 공동상속인이 한 상
속재산에 대한 분할 또는 처분의 효력을 부인하지 못한다고 볼 수도 없
다. 이는 비록 다른 공동상속인이 이미 상속재산을 분할 또는 처분한
이후에 그 모자관계가 친생자관계존재확인판결의 확정 등으로 비로소
명백히 밝혀졌다 하더라도 마찬가지이다.

IV. 해 설

1. 대상판결의 논점

대상판결은 다른 공동상속인의 상속재산 분할 또는 처분이 있은
후 모자관계가 친생자관계존재확인판결의 확정 등으로 비로소 명
백히 밝혀진 자가 모의 다른 공동상속인 및 그 승계인에 대하여 상

속재산의 등기말소를 청구할 수 있는지 여부를 다루고 있다. 이를 위하여 ① 인지를 요하지 아니하는 모자관계에서 인지의 소급효 제한에 관한 민법 제860조 단서가 적용 또는 유추적용되는지 여부 및 ② 민법 제1014조를 근거로 자가 모의 다른 공동상속인이 한 상속재산에 대한 분할 또는 처분의 효력을 부인하지 못하는지 여부를 검토한 후, ③ 다른 공동상속인이 이미 상속재산을 분할 또는 처분한 이후에 모자관계가 친생자관계존재확인판결의 확정 등으로 비로소 명백히 밝혀진 경우에도 같은 법리가 적용되는지 여부에 대해 판시하였다.

우선 대상판결의 검토를 위한 논의의 전제로서 상속재산 분할의 법적 성질을 살펴보겠다[2. (1)]. 다음으로 민법 제860조에 따른 인지의 소급효와 관련하여 같은 조 단서의 '제3자'의 의미 및 모자관계에 민법 제860조 단서가 적용 또는 유추적용되는지 여부를 살펴보겠다. 만약 대상판결의 판시와 같이 인지를 요하지 아니하는 모자관계에는 인지의 소급효 제한에 관한 민법 제860조 단서가 적용 또는 유추적용되지 아니한다면, 이미 상속재산을 분할하거나 처분한 다른 공동상속인에 대한 등기말소청구 또한 가능하다고 보게 된다[2. (2)]. 또한 친생자관계존재확인판결의 확정으로 모자관계가 비로소 명백히 밝혀진 경우에도 민법 제1014조에 따른 상속분 상당 가액지급청구를 할 수 있는지 여부에 대하여 검토해 보겠다 [2. (3)]. 마지막으로 다른 공동상속인이 이미 상속재산을 분할 또는 처분한 이후에 모자관계가 비로소 명백히 밝혀진 경우의 법리와 관련하여, 법적 정의의 구현과 법적 안정성 간의 긴장관계를 살펴보고자 한다[2. (4)].

2. 이론적 검토

(1) 상속재산분할의 법적 성질

상속인은 상속이 개시된 때로부터 피상속인의 재산에 관한 포괄적 권리의무를 승계한다(민법 제1005조). 그런데 공동상속의 경우에는 피상속인에 의한 개인소유형태가 일거에 상속개시 시부터 직접 각 공동상속인의 개인소유형태로 해체·이전될 수는 없다. 이를 위한 법적 절차가 바로 상속재산의 분할이며, 이는 곧 상속재산의 공동상속인의 과도적인 공동소유관계를 종료시키고 상속분에 따라 그 배분귀속을 확정시키는 것을 목적으로 하는 청산행위를 말한다.[1)]

분할의 효과와 관련해서는 이전주의와 선언주의가 있다. 이전주의에 따르면 상속재산은 상속개시에 의해 공유상태로 들어가고 분할에 의해 공유지분이 이전된다. 반면 선언주의에 따르면 상속인이 분할을 통하여 상속재산을 취득하는 것은 다른 공동상속인과 지분을 교환하는 것이 아니라 직접 피상속인으로부터 취득하는 것이다. 민법 제1015조는 "상속재산의 분할은 상속개시된 때에 소급하여 그 효력이 있다. 그러나 제3자의 권리를 해하지 못한다"고 하여 본문은 선언주의를, 단서는 이전주의를 뒷받침하고 있으며, 제1006조는 "상속인이 수인인 때에는 상속재산은 그 공유로 한다"고 규정하여 이전주의를 뒷받침하고 있다. 이러한 점에 비추어 볼 때 우리 민법은 조화로운 해석을 도모하고자 하는 것으로 보인다.

---

1) 김주수·김상용, 친족·상속법(제15판), 법문사, 2018, 719면; 박동섭, 친족상속법(제4판), 박영사, 2013, 656면; 송덕수, 친족상속법(제4판), 박영사, 2018, 344면; 신영호·김상훈, 가족법강의(제3판), 세창출판사, 2018, 403면; 윤진수, 친족상속법강의(제2판), 박영사, 2018, 419-420면.

(2) 인지의 소급효

인지는 생부나 생모가 혼인 외에 출생한 자녀를 자신의 자녀로 인정하고 법률상의 친자관계를 발생시키는 단독의 요식행위이다.[2] 혼인 중의 출생자이든 혼인 외의 출생자이든 모자간의 친자관계는 출산으로 인하여 당연히 발생한다는 것이 통설이자 판례의 태도이다.[3] 인지에 대하여는 오로지 인지자의 의사(意思)에 따라서만 인지를 할 수 있다는 주관주의 또는 의사주의와 자연적 혈연관계가 존재하면 자녀 측에서 인지를 요구할 수 있다는 객관주의 또는 혈연주의가 대립한다. 우리 민법은 강제인지(민법 제863조)와 사후(死後)인지(민법 제864조)를 모두 인정한다는 점에서 객관주의적 요소와 임의인지 과정에서 대상 자녀의 동의나 승낙을 요하지 않는다는 점에서 주관주의적 요소를 모두 가지고 있다.

인지는 그 자의 출생 시에 소급하여 효력이 생긴다(민법 제860조 본문). 부양의무나 상속의 권리는 자녀의 출생 시부터 생긴다. 인지판결에는 대세적 효력이 있지만(가사소송법 제21조 제1항), 제3자가 이미 취득한 권리를 해치지 못한다(민법 제860조 단서). 예를 들어 공동상속인으로부터 부동산을 매수한 사람은 여기서 말하는 제3자에 해당한다. 뒤늦은 인지로 인하여 이미 이루어진 상속분할뿐 아니라 그 이후에 이루어진 재산처분을 무효로 만든다면 제3자에게 손해를 끼치고 번잡을 초래함으로써 법적 안정성이 깨어지게 된다. 그래서 피인지자로 하여금 상속재산 그 자체가 아니라 상속

---

2) 김주수·김상용, 친족·상속법(제15판), 법문사, 2018, 311면; 박동섭, 친족상속법(제4판), 박영사, 2013, 257면; 송덕수, 친족상속법(제4판), 박영사, 2018, 144-145면; 신영호·김상훈, 가족법강의(제3판), 세창출판사, 2018, 160면; 윤진수, 친족상속법강의(제2판), 박영사, 2018, 174면.
3) 대법원 1980.9.9. 선고 80도1731 판결.

분에 상당하는 돈을 받을 수 있게 함으로써 이해관계의 조정을 시도하는 것이다.

　문제는 다른 공동상속인들도 민법 제860조 단서의 '제3자'에 해당하는지 여부이다. 이에 대해 대법원은 "인지 이전에 다른 공동상속인이 이미 상속재산을 분할 내지 처분한 경우에는 인지의 소급효를 제한하는 민법 제860조 단서가 적용되어 사후의 피인지자는 다른 공동상속인들의 분할 기타 처분의 효력을 부인하지 못하게"된다고 하여, 다른 공동상속인도 민법 제860조 단서의 제3자에 포함된다는 입장을 취하고 있다.4) 그러나 학설 중에는 이에 대해 비판적인 입장을 취하는 견해가 다수 보인다.5) 다른 공동상속인이 민법 제860조 단서의 제3자에 포함된다고 할 경우, 상속재산 분할 전이라면 피인지자 또한 상속재산 분할 자체에 참가할 수 있다고 보게 되나, 일단 상속재산 분할이 이루어지기만 하면 피인지자는 다른 공동상속인에게 민법 제1014조에 따라 상속분에 상당한 가액의 지급만을 청구할 수 있을 뿐, 다른 공동상속인이 아직 재산을 처분하지 아니하여 공동상속인들 간의 관계 외에 달리 법적 안정성을 깨뜨릴 염려가 없는 경우에도 원물 자체의 반환을 구할 수 없다고 보게 된다는 점에서 불합리하기 때문이다. 또한 상속재산의 분할 전이냐 후이냐에 따라 인지의 소급효의 인정 여부를 달리 보

---

4) 대법원 1993.8.24. 선고 93다12 판결; 대법원 2007.7.26. 선고 2006다 83796 판결.
5) 권재문 집필부분, 윤진수 편집대표, 주해친족법 제1권, 박영사, 2015, 638-639면; 윤진수, 친족상속법강의(제2판), 박영사, 2018, 181면; 김용균, "사후인지받은 혼인외의 자보다 후순위 상속인이 피상속인의 손해배상에 관하여 한 합의의 효력", 대법원판례해설 제19-1호, 법원도서관, 1993, 424면; 전효숙, "인지에 관한 심판의 이론과 실제", 재판자료 제18집, 법원행정처, 1983, 523면; 최한수, "혼인 외의 자의 지위", 사법연구자료 제19집, 법원행정처, 1992, 52면.

는 것은 민법 제860조 단서의 문리해석에 반한다. 다른 공동상속인을 그만큼 보호할 필요성이 있는가의 측면에서도, 아무런 행동을 취하지 아니하고 법률의 규정에 따라 대가 없이 상속권을 취득하였을 뿐인 공동상속인을 인지의 소급효를 제한하면서까지 보호할 필요가 있는지는 의문이다.

대상판결과 관련하여 검토하여야 할 논점은 모자관계에 민법 제860조 단서가 적용 또는 유추적용되는지 여부이다. 모자관계에서 친자관계의 존부를 구함에 있어 친생자관계존재확인청구의 형태를 취하든 인지청구의 형태를 취하든 그 실질은 확인판결을 구하는 소라고 할 것이고, 대상판결의 판시와 같이 "혼인 외의 출생자와 생모 사이에는 생모의 인지나 출생신고를 기다리지 아니하고 자의 출생으로 당연히 법률상의 친자관계가 생기"므로 소급효를 논할 필요 없이 당연히 그 자의 출생 시부터 상속이나 부양의 문제가 발생한다고 할 것이며, 이 경우 제3자 명의로 상속재산이 귀속된다고 하더라도 애초에 그것을 '제3자가 취득한 권리'라고도 볼 수 없다. 이 점에서 대상판결의 판시는 타당하며, 이미 상속재산을 분할하거나 처분한 다른 공동상속인뿐 아니라 그로부터 상속재산을 취득한 제3자에 대한 등기말소청구 또한 가능하다는 결론에 이르게 된다.

(3) 상속분 상당 가액지급청구의 청구권자

대상판결은 원고 등이 민법 제1014조에 따른 상속분 상당 가액지급청구를 할 수 있는지 여부에 대하여는 정면으로 판단하지 아니하고, 다만 "민법 제1014조를 근거로 원고 등이 피고 1의 이 사건 부동산에 대한 처분의 효력을 부인하지 못한다고 볼 수도 없다"고 하여, 원고 등의 다른 공동상속인 및 그로부터 상속재산을 취득한 제3자에 대한 등기말소청구에 있어서 피고들은 민법 제1014조를 근거로 청구의 기각을 주장할 수 없음을 설시하고 있을 뿐이다.

그런데 이 사건의 제1심과 원심에서는 원고 등의 민법 제1014조에 따른 청구에 관하여 정면으로 판시하였다. 제1심에서는 "원고 등은 민법 제1014조의 '상속개시후의 인지 또는 재판의 확정에 의하여 공동상속인이 된 자'에 해당하지 않"는다고 보았다. 이와 달리 원심에서는 민법 제1014조는 인지의 소급효를 제한하는 민법 제860조 단서가 적용되는 경우에 피인지자가 다른 공동상속인들에 대하여 그의 상속분에 상당한 가액의 지급을 청구할 수 있도록 하여 상속재산의 새로운 분할에 갈음하는 권리를 인정한 것이라고 전제하면서, "원고 등은 민법 제1014조의 '상속개시 후의 재판의 확정에 의하여 공동상속인이 된 자'에 해당하여 피고 1을 상대로 별지 1목록 기재 부동산을 처분하고 피고 2로부터 수령한 매매대금에 대하여 그 상속분에 따라 가액지급청구권만을 행사할 수 있"다고 보았다.

민법 제1014조의 '재판의 확정에 의하여 공동상속인이 된 자'에는 친자관계존재확인의 소와 같이 당연히 출생 시부터 친자관계가 인정되고 소급효가 문제되지 않는 경우는 포함되지 않는다고 보아야 하므로, 이 점에 있어 제1심 판결의 논지가 타당하고, 대법원과 동일한 결론에 이르게 된다.

(4) 법적 정의의 구현과 법률관계의 안정 간 가치의 형량

1심과 대법원에서는 다른 공동상속인이 상속재산을 분할 내지 처분하였다고 하더라도, 그에 따른 소유권이전등기는 원인무효이며, 사후에 모자관계가 명백히 밝혀진 자라고 하더라도 자신의 상속지분에 대하여 말소등기청구를 할 수 있다고 보았다. 한편, 원심에서는 다른 공동상속인들이 한 분할 내지 처분을 인정함으로써 기존에 형성된 질서를 존중하고자 하였다. 이에 따라 상속개시 후에 인지되거나 재판이 확정되어 공동상속인이 된 자는 다른 공동상속인들에 대하여 그의 상속분에 상당한 가액의 지급만을 청구할 수 있다고 보았다.

이는 결국 법적 정의의 구현과 법률관계의 안정 중 어느 가치를 우위에 놓을 것인가의 문제이다. 법적 정의를 구현하기 위하여 공동상속인으로부터 부동산을 매수하고 등기까지 마친 제3자에게 불명확성을 감내해야 하는 위험부담을 지울 것인가 또는 법률관계의 안정 내지 부동산에 대한 일반적인 거래안전 보호를 위하여 이미 이루어진 상속재산 분할 내지 처분의 효력을 인정하고 모의 혼인 외의 출생자에게 상속분상당가액지급청구만을 인정할 것인가는 양자 간 이해관계의 형량을 어떻게 할 것인가에 달려 있다.

대상판결은 모의 혼인 외의 출생자의 손을 들어줌으로써 법적 정의의 구현에 보다 무게를 실은 것으로 보인다.

3. 관련판례

(1) 민법 제860조 단서와 제1014조의 관계

대법원은 상속개시 후에 인지되거나 재판이 확정되어 공동상속인이 된 자의 경우에도 원칙적으로 상속재산 분할에 참여하도록 하되(민법 제860조 본문), 인지 이전에 상속재산이 분할 내지 처분된 경우 사후의 피인지자로서는 다른 공동상속인들의 분할 기타 처분의 효력을 부인하지 못하므로(같은 조 단서), 민법 제1014조는 그와 같은 경우에 상속재산의 새로운 분할에 '갈음하는' 권리를 인정하는 것이라고 파악한다(이하 밑줄은 필자가 표시한 것이다).

상속개시 후에 인지되거나 재판이 확정되어 공동상속인이 된 자도 그 상속재산이 아직 분할되거나 처분되지 아니한 경우에는 당연히 다른 공동상속인들과 함께 분할에 참여할 수 있을 것이나, 인지 이전에 다른 공동상속인이 이미 상속재산을 분할 내지 처분한 경우에는 인지의 소급효를 제한하는 민법 제860조 단서가 적용되어 사후의 피인지자는 다른 공동상속인들의 분할 기타 처분의 효력을 부인하지 못하게 되는바, 민법 제1014조는 그와 같은 경우에 피인지자가 다른 공동상속인들에 대하여 그의 상속분에 상당한 가액의 지급을 청구할 수 있도록 하여 상속재산의 새로운 분할에 갈음하는 권리를 인정함으로써 피인지자의 이익과 기존의 권리관계를 합리적으로 조정하는 데 그 목적이 있는 것이다. 따라서 인지 이전에 공동상속인들에 의해 이미 분할되거나 처분된 상속재산은 민법 제860조 단서가 규정한 인지의 소급효 제한에 따라 이를 분할받은 공동상속인이나 공동상속인들의 처분행위에 의해 이를 양수한 자에게 그 소유권이 확정적으로 귀속되는 것이며, 상속재산의 소유권을 취득한 자는 민법 제102조에 따라 그 과실을 수취할 권능도 보유한다고 할 것이므로, 피인지자에 대한 인지 이전에 상속재산을 분할한 공동상속인이 그 분할받은 상속재산으로부터 발생한 과실을 취득하는 것은 피인지자에 대한 관계에서 부당이득이 된다고 할 수 없다(대법원 2007.7.26. 선고 2006다83796 판결).

(2) 민법 제1014조에 따른 가액지급청구권의 성격

대법원은 민법 제1014조에 따른 가액지급청구권은 상속회복청구권의 일종이라고 판시한 바 있다.

민법 제1014조에 의하여, 상속개시 후의 인지 또는 재판의 확정에 의하여 공동상속인이 된 자가 분할을 청구할 경우에 다른 공동상속인이 이미 분할 기타 처분을 한 때에는 그 상속분에 상당한 가액의 지급을 청구할 권리가 있는바, 이 가액청구권은 상속회복청구권의 일종이[다](대법원 1981.2.10. 선고 79다2052 판결, 대법원 1993.8.24. 선고 93다12 판결).

이와 같이 상속회복청구권으로 보게 될 경우 그 실익은 제999조 제2항의 제척기간이 적용되는 점에서 드러난다. 헌법재판소는 제1014조의 가액지급청구권에 상속회복청구권의 제척기간인 제999조 제2항의 제척기간을 적용하는 것이 상속개시 후에 공동상속인으로 확정된 자의 재산권, 재판청구권을 침해하거나 평등원칙에 위배되지 않는다고 판시한 바 있다. 한편 반대의견은 민법 제1014조에 10년의 제척기간을 적용하면, 인지 또는 재판의 확정이 상속권의 침해가 있는 날로부터 10년이 지난 후에 이루어진 경우에는 가액지급청구를 원천적으로 할 수 없게 되는 결과가 발생하는데, 이는 가액지급청구권이라는 우회적·절충적 형태를 통해서라도 피인지자 등의 상속권을 뒤늦게나마 보상하여 주겠다는 입법취지와 피해의 최소성원칙에 반하고 법익의 균형성도 갖추지 못한 것으로, 결국 과잉금지원칙에 위반하여 청구인들의 재산권과 재판청구권을 침해하므로 헌법에 위반된다고 하면서 다음과 같이 설시하였다.

민법 제1014조에 규정된 가액지급청구권은 상속자격을 갖춘 진정한 공동상속인 사이에서 상속분을 적절하게 분할하고 배분하기 위하여 인정된 상속재산분할청구권으로서, 권리의 상대방이 참칭상속인이 아니라 진정한 공동상속인인 점, 권리의 구제방식이 민사소송절차가 아닌 가사소송절차인 점, 제3자의 법률적 지위 및 거래의 안전을 위하여 진정상속인의 권리행사를 제한할 필요가 없다는 점에서, 상속회복청구권과 명백히 구별된다(헌법재판소 2010.7.29. 선고 2005헌바89 결정 중 재판관 조대현, 재판관 김희옥, 재판관 김종대, 재판관 목영준의 반대의견).

4. 대상판결의 의의

제1심 법원은 피고들이 망인의 공동상속인인 원고 등에게 자신의 상속지분을 초과하는 나머지 지분에 관한 소유권이전등기를 각각 말소할 의무가 있다고 보았다. 그러나 원심에서는 이 사건 부동산에 관한 피고들 패소 부분을 취소하고, 그 취소부분에 해당하는 원고의 피고들에 대한 청구를 모두 기각하면서, 원고 등은 그 상속분에 따라 가액지급청구권만을 행사할 수 있을 뿐, 피고 2에게 소유권이 확정적으로 귀속된 이 사건 부동산에 대한 처분의 효력은 부인하지 못한다고 판시하였다.

대법원에서는 다시금 원심판결 중 원고(선정당사자) 및 선정자들 패소 부분을 파기하고, 이 부분 사건을 원심법원에 환송하였는바, 제1심부터 대법원까지의 판시가 계속 변경되어 왔다는 점은 실무상 관련 논의가 정리될 필요가 있음을 보여 준다. 대상판결은 이와 관련하여 ① 인지를 요하지 아니하는 모자관계에서 인지의 소급효 제한에 관한 민법 제860조 단서가 적용 또는 유추적용되지 않는다는 점을 분명히 하면서, ② 민법 제1014조는 자가 모의 다른 공동상속인이 한 상속재산에 대한 분할 또는 처분의 효력을 부인하지 못하게 하는 근거가 될 수 없다고 보았다. 특히 ③ 다른 공동상속인이 이미 상속재산을 분할 또는 처분한 이후에 모자관계가 친생자관계존재확인판결의 확정 등으로 비로소 명백히 밝혀졌다 하더라도 다른 공동상속인의 이 사건 부동산에 대한 처분의 효력을 부인할 수 있다는 점을 분명히 하였다는 점에서 의의가 있다.

참고문헌

1. 단행본

곽윤직, 상속법(개정판), 박영사, 2004.

김주수 · 김상용, 주석 민법[상속 (1)](제4판), 한국사법행정학회, 2015.

김주수 · 김상용, 주석 민법[친족 (3)](제5판), 한국사법행정학회, 2016.

김주수 · 김상용, 친족 · 상속법(제15판), 법문사, 2018.

박동섭, 친족상속법(제4판), 박영사, 2013.

박병호, 가족법, 한국방송통신대학교, 1995.

송덕수, 친족상속법(제4판), 박영사, 2018.

신영호 · 김상훈, 가족법강의(제3판), 세창출판사, 2018.

윤진수, 주해친족법 제11권, 박영사, 2015.

윤진수, 친족상속법강의(제2판), 박영사, 2018.

윤진수 편집대표, 주해친족법 제1권, 박영사, 2015(권재문 집필부분).

2. 논 문

강수미, "상속재산분할의 전제문제에 관한 소송법적 고찰", 가족법연구
    제26권 제2호, 한국가족법학회, 2012.

김명숙, "2018년 가족법 중요판례평석", 인권과 정의 제480호, 대한변호
    사협회, 2019.

김세준, "민법 제1014조의 재판의 확정과 상속재산분할 ─ 대법원 2018.
    6.19. 선고 2018다1049 판결", 법학논총 제26집 제1호, 조선대학교 법
    학연구원, 2019.

김소영, "상속재산분할", 민사판례연구 제25권, 박영사, 2003.

김용균, "사후인지받은 혼인외의 자보다 후순위 상속인이 피상속인의 손

해배상에 관하여 한 합의의 효력", 대법원판례해설 제19-1호, 법원도
서관, 1993.

김창종, "상속재산의 분할", 재판자료 제78집, 법원도서관, 1998.

김태창, "상속재산 분할협의와 그 해제", 판례연구 제16집, 부산판례연
구회, 2005.

박정수, "공동상속인이 다른 공동상속인을 상대로 어떤 재산이 상속재산
임의 확인을 구하는 소가 확인의 이익이 있는지 여부 및 그 소의 성
질", 대법원판례해설 제71호, 법원도서관, 2008.

시진국, "재판에 의한 상속재산분할", 사법논집 제42집, 법원도서관,
2006.

신영호, "민법 제1014조의 상속분가액지급청구권", 가족법연구 제9호,
한국가족법학회, 1995.

오종근, "인지의 소급효와 제3자 보호", 법학논집 제18권 제4호, 이화여
자대학교 법학연구소, 2014.

윤진수, "인지의 소급효와 후순위상속인에 대한 변제의 효력", 가족법판
례해설, 2009.

윤진수, "2007년 주요 민법 관련 판례 회고", 서울대학교 법학 제49권 제
1호, 서울대학교 법학연구소, 2008.

이동진, "공동상속인 중 1인의 상속재산처분과 민법 제1014조", 법률신
문, 2018.7.25.

이제정, "친자관계확인소송의 심리상 주요쟁점", 재판자료 제101집, 법
원도서관, 2003.

임종효, "민법 제1014조에 정한 상속분가액지급청구권", 법조 제58권 제
7호, 법조협회, 2009.

임채웅, "재판상 상속재산분할 연구", 상속법연구, 박영사, 2011.

전효숙, "인지에 관한 심판의 이론과 실제", 재판자료 제18집, 법원행정

처, 1983.

정구태 · 신영호, "민법 제1014조의 상속분가액지급청구권 제론", 가족
　　법연구 제27권 제3호, 한국가족법학회, 2013.

최한수, "혼인 외의 자의 지위", 사법연구자료 제19집, 법원행정처, 1992.

황정규, "상속재산분할사건 재판실무", 재판자료 제102집, 법원도서관,
　　2003.

유언에 의한 보험계약자 지위의 이전가능성
―대법원 2018.7.12. 선고 2017다235647 판결―

김상훈[*]

Ⅰ. 사실관계

망 A(이하 '망인'이라고만 함)는 2012.11.21. 보험회사(보험자)인 피고 Y와 두 개의 연금보험(이하 순서대로 '제1 연금보험', '제2 연금보험'이라 하고, 통칭할 때에는 '제1, 2 연금보험'이라 한다)계약을 체결하고, 그 무렵 피고 Y에게 제1 연금보험료 694,600,000원을, 제2 연금보험료 496,600,000원을 전액 일시불로 지급하였다. 제1, 2 연금보험은 ① 각 피보험자인 원고 X1이 만 50세, 원고 X2가 만 49세에 이를 때까지 생존하면, 피고 Y가 보험계약자이자 보험수익자인 망인에게 매월 일정액의 연금(제1 연금보험에서 정한 연금은 약 200만원, 제2 연금보험에서 정한 연금은 약 150만 원이다)을 지급하고, ② 피

---

[*] 법무법인(유한) 바른 변호사, 법학박사.

보험자가 사망하면 법정상속인에게 '7,000만 원(제1 연금보험) 또는 5,000만 원(제2 연금보험)과 사망 당시 연금계약 책임준비금[1]을 합산한 금액'을 지급하는 보험이다. 제1, 2 연금보험 약관 제6조는 계약내용의 변경 등에 관하여 다음과 같이 정하고 있다.

(1) 계약자는 회사의 승낙을 얻어 다음 사항(1호: 기본보험료, 2호: 계약자, 3호: 기타 계약의 내용)을 변경할 수 있다. 이 경우 승낙을 서면으로 알리거나 보험증권(보험가입증서)의 뒷면에 기재해 준다(제1항). 계약자는 보험수익자를 변경할 수 있으며 이 경우에는 회사의 승낙을 요하지 않는다. 다만 계약자가 보험수익자를 변경하는 경우 회사에 통지하지 않으면 변경 후 보험수익자는 그 권리로써 회사에 대항하지 못한다(제2항).

(2) 회사는 계약자가 제1항 제1호에 의하여 기본보험료를 감액하고자 할 때에는(상속연금형의 종신형에 한함) 그 감액된 부분은 해지된 것으로 보며, 이로 인하여 회사가 지급하여야 할 해지환급금이 있을 때에는 제16조(해지환급금) 제1항에 따라 이를 계약자에게 지급한다(제3항). 계약자가 제2항에 따라 보험수익자를 변경하고자 할 경우에는 보험금의 지급사유가 발생하기 전에 피보험자의 서면에 의한 동의가 있어야 한다(제4항).

---

1) 책임준비금이란 보험사업자(보험회사)가 장래의 보험금지급 청구, 해약금 등 계약상 책임이행을 위하여 회사내부에 적립하는 금액을 말한다. 이것은 장래에 있을 채무에 대하여 보험자가 적립하는 적립금 또는 보증금이라고 볼 수 있으며, 보험회사에 특유한 법정(法定) 의무적립금의 하나이다. 대차대조표상에 부채로서 계상된다(보험업법 제120조). 책임준비금은 고객이 낸 수입보험료에서 적립하는데, 보험사업자는 이 돈을 항상 가지고 있어야 하며, 그 준비 정도를 지급여력비율이라고 한다. 네이버 지식백과 https://terms.naver.com/entry.nhn?docId=72557&cid=43667&categoryId=43667

한편, 망인이 사망하기 전인 2013.9.27. 공증인가 법무법인 사명 증서 2013년 제○○○○호로 유언공정증서(이하 '이 사건 유언공정증서'라 한다)가 작성되었다. 이 사건 유언공정증서에는 망인이 원고 X1을 유언집행자로 지정하고, 피고 Y에 가입한 무배당 즉시 연금보험금[보험증권번호: (보험증권번호 1 생략), 피보험자: 원고 X1]을 원고 X1에게, 무배당 즉시 연금보험금[보험증권번호: (보험증권번호 2 생략), 피보험자: 원고 X2]을 원고 X2에게 유증한다고 기재되어 있고, 제1, 2 연금보험의 보험증권 사본이 첨부되어 있다. 망인은 2014.2.2. 사망하였고, 상속인으로는 배우자인 B와 자녀들인 C, D, E, F 및 원고들이 있다. 피고 Y는 2014.3.경부터 원고들에게 제1, 2 연금보험에 따른 연금보험금을 매월 지급하였다.

II. 소송경과

원고들은 망인이 사망한 이후 피고 Y에게 제1, 2 연금보험의 계약자를 원고들로 변경해 줄 것을 요청하였는데 피고 Y가 이를 거절하자, 원고들은 "이 사건 유언공정증서에 따라 원고들에게 이루어진 유증(이하 '이 사건 유증'이라 한다)의 대상은 이 사건 각 연금보험계약 자체이므로, 망인의 유증에 따라 원고들이 이 사건 각 연금보험의 계약자 지위에 있다"고 주장하면서 보험계약자지위의 확인을 구하는 이 사건 소를 제기하였다.

이에 대하여 1심은, 이 사건 유증의 대상은 이 사건 각 연금보험 그 자체로서 각 연금보험계약상 지위라고 봄이 상당하고, 이 사건과 같이 특정유증으로 각 연금보험의 계약상 지위가 그대로 특정인에게 이전되는 경우에는 이 사건 유증에 따른 각 연금보험계약

상 지위의 이전에 피고의 승낙이 필요하지 않다고 판시하면서 원
고들의 청구를 인용하였다.[2] 그러나 항소심은, 망인이 원고들에게
유증한 재산은 연금보험계약상의 계약자 지위 그 자체가 아니라
각 연금보험계약에 기초한 연금보험금청구권이고, 유증의 자유나
재산처분의 자유를 보장하기 위하여 일반적인 계약인수와 달리 유
증에 의한 계약자 지위의 이전에는 보험계약의 상대방인 보험자의
동의나 승낙이 필요하지 않다고 해석하기는 어렵다는 이유로 원심
판결을 취소하고 원고들의 청구를 기각하였다.[3]

III. 대상판결의 요지

생명보험은 피보험자의 사망, 생존 또는 사망과 생존을 보험사
고로 하는 보험으로(상법 제730조), 오랜 기간 지속되는 생명보험계
약에서는 보험계약자의 사정에 따라 계약 내용을 변경해야 하는
경우가 있다. 생명보험계약에서 보험계약자의 지위를 변경하는 데
보험자의 승낙이 필요하다고 정하고 있는 경우, 보험계약자가 보
험자의 승낙이 없는데도 일방적인 의사표시만으로 보험계약상의
지위를 이전할 수는 없다.

보험계약자의 신용도나 채무 이행능력은 계약의 기초가 되는 중
요한 요소일 뿐만 아니라 보험계약자는 보험수익자를 지정·변경
할 수 있다(상법 제733조). 보험계약자와 피보험자가 일치하지 않
는 타인의 생명보험에 대해서는 피보험자의 서면동의가 필요하다
(상법 제731조 제1항, 제734조 제2항). 따라서 보험계약자의 지위 변

---

2) 서울중앙지방법원 2016.1.8. 선고 2015가합534383 판결.
3) 서울고등법원 2017.5.16. 선고 2016나2008501 판결.

경은 피보험자, 보험수익자 사이의 이해관계나 보험사고 위험의
재평가, 보험계약의 유지 여부 등에 영향을 줄 수 있다. 이러한 이
유로 생명보험의 보험계약자 지위 변경에 보험자의 승낙을 요구한
것으로 볼 수 있다.

유증은 유언으로 수증자에게 일정한 재산을 무상으로 주기로 하
는 단독행위로서 유증에 따라 보험계약자의 지위를 이전하는 데에
도 보험자의 승낙이 필요하다고 보아야 한다. 보험계약자가 보험
계약에 따른 보험료를 전액 지급하여 보험료 지급이 문제 되지 않
는 경우에도 마찬가지이다.

유언집행자는 유증의 목적인 재산의 관리 기타 유언의 집행에
필요한 행위를 할 권리·의무가 있다. 유언집행자가 유증의 내용
에 따라 보험자의 승낙을 받아서 보험계약상의 지위를 이전할 의
무가 있는 경우에도 보험자가 승낙하기 전까지는 보험계약자의 지
위가 변경되지 않는다(상고기각).

IV. 해 설

1. 대상판결의 논점

대상판결의 논점은, ① 이 사건 유증의 대상이 연금보험수급권
인지 아니면 보험계약자의 지위 그 자체인지 여부와, ② 유증에 의
한 계약자 지위의 변경에도 계약 상대방의 승낙이 필요한지 여부
이다.

2. 이론적 검토

가. 유증의 대상이 계약자의 지위 그 자체인지 여부

이 쟁점에 관하여 1심은, 다음과 같은 사정에 비추어 연금보험 계약상 지위 그 자체가 유증의 대상이라고 판단하였다.

① 이 사건 유언공정증서에는 유증의 대상으로 상단에 "연금보 험금"이라고 기재되어 있으나, 바로 그 하단에 이 사건 각 연금보 험에 관한 "보험증권, 연금보험, 보험증권번호, 피보험자"가 상세 하게 기재되어 있고, 이 사건 각 연금보험에 관한 보험증권 사본이 그대로 첨부되어 있다.

② 이 사건 각 연금보험의 내용에 따르면, 망인이 일시불로 납입 한 보험료에 기초하여 피보험자인 원고들의 생존 시 망인이 매월 일정액의 연금을 지급받고 원고들의 사망 시 원고들의 법정상속인 이 사망보험금을 지급받게 되며, 계약해지 시 망인이 해지환급금 을 받게 된다. 이와 같이 이 사건 각 연금보험에 관한 권리는 망인 또는 원고들이 가지고 있으므로, 이를 각각의 피보험자에게 유증 을 한 원고는 이 사건 각 연금보험 자체를 이전하려는 의사를 가지 고 있다고 봄이 상당하다.

③ 만일 피고의 주장과 같이 이 사건 각 연금보험계약상 지위는 망인의 상속인들에게 귀속되고, 이 사건 각 연금보험에 따른 보험 금만 원고들에게 귀속된다고 본다면, 이 사건 각 연금보험에 따른 보험금이 원고들 또는 원고들의 법정상속인에게 지급되는데, 망인 의 상속인들이 이 사건 각 연금보험계약을 해지할 경우에는 그 해 지환급금이 망인의 상속인들에게 분할귀속되는 결과가 된다. 이는 망인의 사망 전후 이 사건 각 연금보험에 따른 권리의 귀속자가 변 경되는 것으로서 이 사건 유증을 한 망인의 의사에는 부합하지 않

는다.

④ 이 사건 유언공정증서에 따른 유증에서 배제된 망인의 장녀 C는 원고들을 비롯한 망인의 상속인에 대하여 이 사건 각 연금보험이 원고들에게 귀속됨을 전제로 상속재산분할심판을 청구하였다.

이 사건에서 원고들이 그냥 연금보험금을 받으면 될 텐데 군이 보험계약자의 지위에 서고자 했던 이유는, 연금보험계약을 해지하고 일시금으로 해지환급금을 받고 싶었기 때문일 것으로 짐작된다. 즉 원고들 입장에서는 보험수익자의 지위를 버리고 보험계약자의 지위를 얻어야 할 충분한 필요성은 존재한다. 그러나 다음과 같은 이유에서 1심의 판단은 타당하지 않다고 생각한다.

① '연금보험금'과 '보험계약자의 지위' 자체는 엄연히 구분되는 것이어서 다른 합리적인 사정이 인정되지 않는다면 연금보험금을 연금보험계약의 계약자 지위로 해석하는 것은 문언에 반한다.

② 연금보험에 관한 권리는 여러 가지가 있을 수 있는데, 보험계약자로서의 권리와 보험수익자로서의 권리가 대표적이다. 보험계약자는 보험수익자를 지정 또는 변경할 수 있는 권리와 보험계약 자체를 해지하고 해지환급금을 받을 수 있는 권리가 있다. 반면 보험수익자는 보험계약 자체를 변경하거나 해지할 수는 없고 단지 보험사고가 발생했을 때 보험계약에 정해진 바에 따른 보험수익을 받을 권리가 있다. 이 중 보험계약자로서의 권리는 망인이 가지고 있는 것이 분명하다. 그리고 보험수익자로서의 권리도 원칙적으로는 망인이 가지고 있지만, 피보험자인 원고들의 사망 시 원고들의 법정상속인이 사망보험금을 지급받게 되어 있으므로 이 경우에는 원고들의 법정상속인이 보험수익자로서의 권리를 가진다. 즉 원고들 자신은 이 사건 보험계약상 어떠한 권리도 가지고 있지 않다.

다만 망인이 유언을 통해 원고들에게 연금보험금을 유증한 것이다. 따라서 이 사건 각 연금보험의 내용상 연금보험에 관한 권리를 망인 또는 원고들이 가지고 있으므로 이를 각각의 피보험자에게 유증한 원고가 이 사건 각 연금보험 자체를 이전하려는 의사를 가지고 있다고 본 1심의 판단은 옳지 않다.

③ 1심은, 연금보험계약상 지위는 망인의 상속인들에게 귀속되고 보험금만 원고들에게 귀속된다면 망인의 상속인들이 연금보험계약을 해지할 경우 그 해지환급금이 망인의 상속인들에게 분할귀속되는 결과가 되어 부당하다고 한다. 그러나 민법 제547조 제1항은 "당사자의 일방 또는 쌍방이 수인인 경우에는 계약의 해지나 해제는 그 전원으로부터 또는 전원에 대하여 하여야 한다"고 규정하고 있으므로, 계약의 일방 당사자가 사망하였고 그에게 여러 명의 상속인이 있는 경우에 그 상속인들이 위 계약을 해제하려면, 상속인들 전원이 해제의 의사표시를 하여야 한다.[4] 따라서 보험계약자의 지위 자체가 원고들을 포함한 망인의 상속인들에게 공동 상속되었다고 하더라도 다른 상속인들이 원고들의 의사를 배제하고 이 사건 각 연금보험계약을 해제 또는 해지할 수는 없다.

④ 상속재산분할심판청구를 할 때 이 사건 각 연금보험이 원고들에게 귀속됨을 전제로 했다고 하여 그것이 유증의 대상이 보험계약자의 지위 그 자체라고 볼 근거가 될 수는 없다. 망인이 연금보험금을 원고들에게 유증했기 때문에 상속재산분할심판청구를 할 때 그것을 원고들의 특별수익으로 넣고 구체적 상속분을 계산한 것일 뿐이다.

결론적으로 이 사건 유증의 대상은 유언장에 기재된 문언대로

---

4) 대법원 2013.11.28. 선고 2013다22812 판결.

'연금보험금' 즉 연금보험금에 관한 권리인 연금보험수급권인 것이
지 보험계약자의 지위가 아니라고 보아야 한다.

나. 계약자 지위 변경을 위해 상대방의 승낙이 필요한지 여부

이 쟁점에 관하여 1심은 다음과 같은 이유로 이 사건 유증에 따
른 연금보험계약상 지위의 이전에는 피고의 승낙이 필요하지 않다
고 판단하였다.

① 보험수익자의 변경과 달리 계약자의 변경에 피고의 승낙을
요하는 것은 계약자 변경으로 말미암아 피고의 계약상 지위가 불
리하게 변경될 수 있기 때문이다. 그런데 이 사건과 같이 특정유증
으로 연금보험의 계약상 지위가 그대로 특정인에게 이전되는 경우
에는 피고의 계약상 지위가 불리하게 변경되었다고 볼 수 없다.

② 이와 같은 경우에도 피고의 승낙이 있어야만 계약자의 지위
가 변경될 수 있다고 본다면 결과적으로 망인의 사유재산 처분과
유언의 자유를 제한하게 되어, 이 부분 약관조항은 약관의 규제에
관한 법률 제6조 제2항 제1호에 따라 고객에게 부당하게 불리한
조항으로서 무효라고 보아야 한다.

그러나 다음과 같은 이유에서 1심의 판단은 타당하지 않다고 생
각한다.

① 연금보험 약관 제6조는 계약내용의 변경에 관하여, 피고의
승낙 없이 보험수익자를 변경할 수 있는 것과 달리(제2항), 보험계
약자는 피고의 승낙을 얻어야 변경할 수 있다고 명시(제1항)하고
있다. 보험계약자의 신용도나 채무 이행능력은 계약의 기초가 되
는 중요한 요소일 뿐만 아니라 보험계약자는 보험수익자를 지정·
변경할 수 있다(상법 제733조). 따라서 보험계약자의 지위 변경은
보험자가 해당 보험계약을 유지할 것인지 여부를 결정하는 데에

영향을 줄 수 있다. 이러한 이유로 보험계약자 지위 변경에 보험자의 승낙을 요구한 것으로 볼 수 있다. 이처럼 보험계약자를 변경하기 위해서는 보험자의 승낙을 얻어야 한다는 규정을 둔 근본적인 취지가 설사 보험계약자의 변경으로 인해 피고의 계약상 지위가 불리해지는 경우를 막기 위한 것이라 할지라도, 모든 사건마다 보험계약자의 변경으로 인해 피고가 불리해지는지 그렇지 않은지를 따져서 피고의 승낙 요부를 달리하는 것은 거래의 안전을 해치고 약관의 획일성에도 맞지 않는다. 그러므로 이 사건처럼 보험계약자가 보험계약에 따른 보험료를 전액 지급하여 보험료 지급이 문제 되지 않는 경우라고 해서 달리 해석할 수는 없다고 본다.

② 보험계약자의 변경에 피고의 승낙을 필요로 한다고 하여 망인이 자신의 재산을 처분하는 것과 유언을 하는 것에 장애가 생긴 것은 아니다. 만약 망인이 진정으로 보험계약자의 지위를 원고들에게 이전시켜 주고 싶었다면 생전에 피고에게 계약자 변경을 요구했으면 될 일이다. 그런데 망인은 그렇게 하지 않고 유언으로 연금보험금을 원고들에게 유증했다. 즉 망인은 연금보험금을 받을 수 있는 권리를 자유롭게 유언으로 이전시킨 것이다. 그러므로 이 부분 약관조항이 약관의 규제에 관한 법률 제6조 제2항 제1호에 따라 고객에게 부당하게 불리한 조항으로서 무효라는 1심의 판단 역시 타당하지 않다.

결론적으로 유증에 의해 보험계약자의 지위를 변경하는 경우에도 보험자의 승낙이 있어야만 보험계약자가 변경된다고 보아야 한다. 그리고 보험계약자가 보험계약에 따른 보험료를 전액 지급하여 보험료 지급이 문제되지 않는 경우라도 달리 볼 수 없는 것이다.

3. 소 결

처분문서는 그 성립의 진정함이 인정되는 이상 법원은 그 기재 내용을 부인할 만한 분명하고도 수긍할 수 있는 반증이 없으면 처분문서에 기재된 문언대로 의사표시의 존재와 내용을 인정하여야 한다. 당사자 사이에 법률행위의 해석을 둘러싸고 다툼이 있어 처분문서에 나타난 당사자의 의사해석이 문제 되는 경우에는 문언의 내용, 법률행위가 이루어진 동기와 경위, 법률행위로써 달성하려는 목적, 당사자의 진정한 의사 등을 종합적으로 고찰하여 논리와 경험칙에 따라 합리적으로 해석하여야 한다.[5] 그렇다면 이 사건 유증의 대상은 유언장에 기재된 문언대로 '연금보험금' 즉 연금보험금에 관한 권리인 연금보험수급권이라고 보아야 한다. 그리고 이 사건 연금보험약관에 기재된 대로 보험자인 피고의 승낙이 있어야만 보험계약자가 변경되는 것인데, 이 사건의 경우 보험계약자의 변경에 피고가 승낙한 바가 없으므로 유언만으로 보험계약자가 변경되었다고 할 수는 없다. 결국 대상판결의 결론이 타당하다고 생각한다.

4. 관련 판례

망 A(이하 '망인'이라 한다)가 2007.10.10. 보험회사인 피고와 종신형 변액연금보험계약(이하 '이 사건 보험계약'이라 한다)을 체결하면서 일시납 보험료로 10억 원을 납부하였다. 이 사건 보험계약상 피보험자는 망인의 손녀이자 원고의 딸인 B였고, 보험수익자는 망

---

5) 대법원 2002.6.28. 선고 2002다23482 판결; 대법원 2017.2.15. 선고 2014다19776, 19783 판결 등 참조.

인의 며느리이자 원고의 아내인 C였다. 그 후 망인은 2011.1.14. "이 사건 보험계약에 대한 수익자를 원고로 지정한다"는 취지의 공정증서에 의한 유언(이하 '이 사건 유언'이라 한다)을 작성하였다. 망인은 2014.1.14. 사망하였는데, 사망 당시 상속인으로는 아들인 원고 이외에 3명의 딸들이 있었다. 망인이 사망하자 원고는 "이 사건 유언에서 망인의 진정한 의사는 보험계약자의 지위를 포함하여 보험에 관한 모든 권리를 원고에게 승계시켜 주려는 것이었으므로, 이 사건 보험계약상의 계약자 지위는 원고에게 상속되었다"고 주장하면서 보험계약자의 명의를 원고로 변경해줄 것을 청구하였다.6) 이에 대하여 서울고등법원은, 공정증서상에 기재된 '보험수익자'의 지위가 아니라 '보험계약자'의 지위를 원고에게 이전할 의사로 유언했다고 볼 수 없다고 판단하면서 원고의 청구를 기각하였다.7) 그 이유에 관한 설시를 요약하면 다음과 같다.

① 보험수익자와 보험계약자는 법률상, 사실상 구분되는 지위 내지 용어인데, 엄격한 절차에 따라 공정증서가 작성된 점을 고려하면 그와 같이 작성된 공정증서상의 기재 내용인 '보험수익자'를 '보험계약자'로 보거나 이를 포함한 것으로 보기 어렵다.

② 피고는 망인의 상속인들 간의 합의하에 이 사건 보험계약의 계약자를 변경하여 줄 수 있을 것으로 보이나, 원고를 포함한 망인의 상속인들 간에 재산상속에 관하여 다툼이 있는 상황에서는 엄격한 절차에 따라 작성된 이 사건 공정증서를 그 문구와 달리 해석하는 것에 신중을 요하고 충분한 근거가 있어야 한다.

---

6) 당시 원고의 목적은, 연금보험계약을 해지하고 일시금으로 해지환급금을 받는 것이었다.
7) 서울고등법원 2015.6.11. 선고 2014나2047786 판결. 이 판결에 대해서는 패소한 원고가 상고를 포기하여 확정되었다.

③ 망인은 생전행위를 통해서도 원고를 위 보험계약의 계약자로 충분히 지정할 수 있었다.

5. 대상판결의 의의

대상판결은, 생명보험계약에서 보험계약자의 지위를 변경하는데 보험자의 승낙이 필요하다고 정한 경우, 보험계약자가 보험자의 승낙 없이 유언이라는 일방적인 의사표시만으로 보험계약상의 지위를 이전할 수 있는지 여부에 관하여 대법원이 처음으로 명확한 판단을 내린 점에서 의미가 크다고 할 수 있다. 특히 이 사건처럼 보험료를 일시금으로 지급하였고 보험계약자를 변경하더라도 보험자의 이해관계에 별다른 영향이 없는 경우라 하더라도 보험약관의 문언에 따라 보험계약자의 지위를 변경하기 위해서는 보험자의 승낙이 필요하다고 본 것은 약관의 획일적 해석이라는 관점에서 수긍할 만하다.

특정물 유증에서의 담보책임
―대법원 2018.7.26. 선고 2017다289040 판결―

현소혜[*]

I. 사실관계

피상속인 X는 1971.10.16. 피고 A 사회복지법인(이하 'A 법인' 또는 '피고'라고 한다)을 설립하여 이사장으로 재직하면서 A 법인을 운영하였다. A 법인은 1987.7.31. X 소유의 토지(이하 '이 사건 토지'라고 한다) 위에 A 법인 소유의 건물을 완공한 후 X에게 사용료를 지급하지 않은 채 계속 이 사건 토지를 사용하였다.

한편 X는 1994.6.13. 이 사건 토지를 B 종친회에 유증하였고, 1999.11.1. 사망하였다. B 종친회는 2001.4.11. 위 토지에 관하여 유증을 원인으로 하는 소유권이전등기를 경료하였다.

원고는 B 종친회에 대한 약정금채권을 지급받기 위해 B 종친회

---

[*] 성균관대학교 법학전문대학원 부교수, 법학박사.

의 A 법인에 대한 부당이득반환채권에 관해 채권압류 및 추심명령
을 받고, 이에 따라 제3채무자인 A 법인(피고)을 상대로 추심금 청
구를 하였다. A 법인은 2001.4.11.부터 B 종친회 소유의 이 사건
토지를 무단으로 점유·사용해 왔으므로, B 종친회에 대해 임료
상당의 부당이득반환채무를 진다는 것이다.

II. 소송의 경과

원고의 피고에 대한 추심금 청구 소송에 대해 피고는 피압류채
권인 부당이득반환청구권이 존재하지 않는다고 주장하였다. 이유
는 두 가지이다. 첫째, 피상속인 X는 생전에 피고에게 이 사건 토
지 무상사용을 허락 내지 그 사용수익권을 포기한 후 이 사건 토지
를 B 종친회에게 유증하였는데, 민법 제1085조는 "유증의 목적인
물건이나 권리가 유언자의 사망 당시에 제3자의 권리의 목적인 경
우에는 수증자는 유증의무자에 대하여 그 제3자의 권리를 소멸시
킬 것을 청구하지 못한다"고 규정하고 있으므로, 피고는 계속 이
사건 토지를 무상으로 사용할 수 있다. 둘째, B 종친회도 이 사건
토지의 소유권을 취득한 후 피고의 무상사용을 허락 내지 그 사용
수익권을 포기하였다.

하지만 1심 법원은 다음과 같은 이유로 피고의 주장을 배척하였
다. 첫째, 설령 X가 피고에게 토지의 무상사용권을 부여하였다고
하더라도 피고는 이로써 B 종친회에게 대항할 수 없다. 둘째, 민법
제1085조는 수증자인 B 종친회가 유증의무자(상속인)에게 제3자
의 권리 소멸을 청구하지 못한다는 취지일 뿐, B 종친회의 제3자
에 대한 권리행사 자체를 제한하는 것은 아니다. 셋째, X가 이 사

건 토지에 대한 사용수익권을 포기했다고 인정할 만한 증거가 없고, X가 B 종친회에게 사용수익권이 없는 토지를 유증할 이유도 없다. 넷째, B 종친회가 피고의 무상사용을 허락 내지 그 사용수익권을 포기하였다고 인정할 만한 증거도 없다.

이에 따라 1심 법원은 B 종친회가 피고를 상대로 부당이득반환청구권을 갖는다는 전제하에 원고의 피고에 대한 추심금 청구를 인용하였다(서울남부지방법원 2017.4.11. 선고 2016가단26611 판결). 이에 피고는 항소하였으나, 2심 법원은 1심 법원의 판단을 그대로 유지하였다(서울남부지방법원 2017.11.23. 선고 2017나54041 판결).

Ⅲ. 대상판결의 요지

대상판결은 원심판결을 파기환송하였다. 원심판결이 1심을 인용하여 인정한 바와 같이 피고의 이 사건 토지에 대한 무상 점유·사용이 X와의 사용대차계약에 의한 것이라면, 피고의 사용차주로서의 권리는 특별한 사정이 없는 한 수증자인 B 종친회가 이 사건 토지의 소유권을 취득한 후에도 존속하는 것으로 보아야 한다는 것이다.

민법 제1085조는, 유언자가 다른 의사를 표시하지 않는 한, 유증의 목적물을 유언의 효력발생 당시의 상태대로 수증자에게 주는 것이 유언자의 의사라는 점을 고려하여 수증자 역시 유증의 목적물을 유언의 효력발생 당시의 상태대로 취득하는 것이 원칙임을 확인한 조문으로 보아야 하기 때문이라고 한다. 이러한 대법원의 시각에 따르면 유증의 목적물이 유언자의 사망 당시에 제3자의 권리의 목적인 경우에는 그와 같은 제3자의 권리는 특별한 사정이 없는 한 유증의 목적물이 수증자에게 귀속된 후에도 그대로 존속하는 것으로 보아야 한다.

그럼에도 불구하고 원심은 X가 사망할 당시 피고와의 사이에 이 사건 토지에 관한 사용대차관계가 성립되어 있었는지 여부를 심리하여 B 종친회의 소유권 취득일 후에도 피고의 점유권원이 그대로 유지되는지 여부를 판단하지 아니하고, 막연히 피고가 X에 대한 무상사용권을 가지고 새로운 소유자에게 대항할 수 없다는 점을 들어 피고의 주장을 배척한 위법이 있다는 것이 대법원의 입장이다.

그 후 파기환송심은 X가 사망할 당시 피고와의 사이에 이 사건 토지에 관하여 무상 사용대차관계가 성립되어 있었고, B 종친회의 소유권 취득일 이후에도 피고의 점유권원이 유지되었으며, B 종친회는 피고에게 토지 사용료를 요구하지 않았으므로, 피고가 X와의 사이에서 무상 사용대차관계에 따라 취득한 점유·사용권은 B 종친회가 이 사건 토지에 대한 소유권을 취득한 후에도 그대로 존속한다는 전제하에 B 종친회의 피고에 대한 부당이득반환청구권이 존재하지 않는다는 이유로 원고의 추심금 청구를 기각하였다(서울남부지방법원 2019.1.10. 선고 2018나59982 판결).

IV. 해 설

1. 대상판결의 논점

이 사건에서는 유증목적물에 관해 권리를 가지고 있는 제3자가 피상속인 사망 후 그 물건을 유증받은 수증자에게도 그 권리로써 대항할 수 있는지 여부, 즉 그 권리가 유증에도 불구하고 존속하는

지 여부가 문제되었다. 만약 그 권리가 대세적 효력을 갖는 물권이라면 제3자는 그 물건의 소유자였던 피상속인뿐만 아니라, 그로부터 그 물건의 소유권을 이전받은 수증자에게도 당연히 그 권리를 주장할 수 있을 것이다.

하지만 사안의 경우에는 유증목적물에 관해 피고가 가지고 있다고 주장하는 권리가 사용대차에 따른 무상의 토지 점유·사용권이라는 채권이었다는 점에 특수성이 있다. 이것이 채권에 불과한 이상 사용차주인 피고는, 특별한 사정이 없는 한, 그 물건에 관해 새롭게 소유권을 취득한 B 종친회에게까지 그 권리로써 대항하는 것이 불가능하기 때문이다.

그런데 민법 제1085조는 "유증의 목적인 물건이나 권리가 유언자의 사망 당시에 제3자의 권리의 목적인 경우에는 수증자는 유증의무자에 대하여 그 제3자의 권리를 소멸시킬 것을 청구하지 못한다"고 규정하고 있으므로, 위 조문에 따라 수증자는 사용차주의 채권의 존속을 감수해야 하는지 여부가 쟁점이 되었다.

2. 이론적 검토

(1) 대상판결에 대한 기존의 평가

대상판결에 대해서는 현재까지 비판적인 견해만 존재한다.

일설(一說)은 특정유증은 포괄유증과 달리 채권적 효과가 있을 뿐이므로, 피상속인에 대해 대항력 없는 채권적 권리만을 가지고 있는 제3자는 특정유증에 의해 상속인으로부터 소유권을 이전받은 수증자를 상대로 자신의 권리를 주장할 수 없으며, 이때 민법 제1085조를 근거로 유증에도 불구하고 제3자의 권리가 존속하다고 보는 것은 위 규정을 지나치게 확대해석한 것이라고 비판한

다.1)

다른 일설(一說) 역시 민법 제1085조는 유증목적물에 '물권 또는 이에 준하는 권리'가 설정되어 있는 경우에 유증의무자의 담보책임을 면제하고, 수증자에게 그 물적 부담을 감수하도록 하기 위한 조문일 뿐이며, 유증목적물에 관한 제3자의 권리가 채권인 경우에까지 민법 제1085조가 적용되는 것은 아니라고 주장하면서 대상판결은 등기부 등을 통해 공시되지 않은 제3자의 채권을 유증이라는 우연한 사정에 의해 소유권에 우선하는 강력한 권리로 만들고 있어 채권과 물권의 개념에 합치하지 않는다고 비판한다.2)

또 다른 문헌은 민법 제1085조는 수증자와 유증의무자 간의 관계를 규율하기 위한 조문일 뿐, 수증자와 제3자 간의 관계를 규율하기 위한 것은 아니라는 점, 피상속인에 대해 대항력 없는 채권만을 가지고 있었던 수증자가 유증이라는 외부적 사태를 계기로 본래는 없던 대항력을 갑자기 획득한다는 것은 증여나 사인증여의 경우와 비교해 보았을 때 합리적이지 않다는 점, 유언자가 굳이 대항력 없는 제3자의 권리에 새로운 대항력을 부여해 가면서까지 제3자의 권리를 보호하겠다는 의사를 가진다고 단정하기 어렵다는 점 등을 근거로 판례를 비판한다.3)

(2) 민법 제1085조에 관한 기존의 논의

민법 제1085조는 유증목적물이 특정물인 경우에 유증의무자의

---

1) 김명숙, "2018년 가족법 중요판례평석", 인권과 정의 통권 480호(2019.3.), 80면.
2) 최수정, "유증목적물에 대한 제3자의 권리", 家族法研究 第33卷1號(2019. 3.), 314-321면.
3) 권영준, "2018년 민법 판례 동향", 서울대학교 法學 제60권 제1호(2019.3.), 385-387면.

담보책임을 정한 규정으로 이해되어 왔다. 유증목적물이 불특정물인 경우의 담보책임에 관해서는 민법 제1082조가 별도로 규율한다.

또한 민법 제1085조는 유증목적물인 특정물에 권리의 하자가 있는 경우의 담보책임에 한해 적용됨이 원칙이다. 물건의 하자가 존재하는 경우에는 증여의 경우와 마찬가지로 담보책임이 문제될 여지가 없다.[4)]

한편 유증목적물인 특정물에 권리의 하자가 있는 경우라도 그것이 소유권의 하자인 경우, 즉 유증의 효력발생 당시 유증목적물이 피상속인 외의 제3자의 소유인 관계로 유증의무자가 수증자에게 그 목적물의 소유권을 이전해 줄 수 없는 경우에는 민법 제1087조가 적용되어 유증이 효력을 잃게 되므로, 민법 제1085조가 적용되지 않는다.

따라서 민법 제1085조는 유증목적물인 특정물에 소유권 외의 권리의 하자가 있는 경우의 담보책임에 관한 규정이다. 다만, 매매 기타 유상계약에서 권리의 하자는 주로 지상권 · 지역권 · 전세권 · 질권 · 유치권 · 저당권 같은 제한물권의 하자를 의미하는 데 반해(민법 제575조 내지 제577조 참조), 민법 제1085조에서의 권리의 하자는 보다 넓게 해석하는 것이 일반적이다.

즉, 통설은 민법 제1085조에 따라 수증자가 유증의무자를 상대로 그 소멸을 청구하지 못하는 "제3자의 권리"에는 용익물권이나 담보물권과 같은 제한물권뿐만 아니라 임차권 그 밖에 유증목적물에 붙어 있는 각종의 채권이 모두 포함된다고 한다.[5)] 유언자가 다

---

4) 김주수 · 김상용, 註釋 民法[相續(2)](제4판), 韓國司法行政學會, 2015, 333면; 박동섭, 친족상속법(제4판), 박영사, 2013, 766면.
5) 고정명 · 조은희, 친족 · 상속법, 제주대학교 출판부, 2011, 376면; 김용한, "유증의 효력", 법조 제11권 12호(1962), 42면; 김주수 · 김상용(2015), 339

른 의사를 표시하지 않는 한 사망 당시 상태 그대로의 물건을 유증하고자 하는 것이 통상적인 유언자의 의사이기 때문이다.

(3) 일본에서의 논의
① 개정 전 일본 민법의 법상황

우리 민법 제1085조는 舊 일본 민법(2018.7.6. 개정 전의 것) 제1000조와 동일하다. 따라서 일본에서의 논의를 살펴보는 것은 우리나라의 해석론을 전개하는 데 도움이 된다. 舊 일본 민법 제1000조상 '제3자의 권리'에 용익물권이나 담보물권 같은 제한물권이 포함되는 점에 대해 더 이상 이론(異論)이 없음은 우리나라와 같다.

반면 '제3자의 권리'에 대항력 없는 임차권까지 포함되는지에 대해서는 견해의 대립이 있다. 즉, 다수설은 우리나라와 같이 임차권도 이에 포함된다고 보아 수증자가 유증의무자에게 임차권의 소멸을 청구할 수 없다고 본 반면, 소수설은 위 조문의 적용범위를 제3자의 권리가 물권인 경우로 한정하여 이해하고 임차권에는 적용되지 않는다고 보고 있다.[6]

다만, '제3자의 권리'에 임차권이 포함되는지 여부의 논의와 무관하게 수증자는 제3자인 임차인을 상대로 소유권에 기초해 그 물건의 반환을 청구할 수 있다는 것이 일본 주석서의 태도이다.[7] 舊

면; 김주수 · 김상용, 친족 · 상속법(제15판), 法文社, 2018, 835면; 朴秉濠, 家族法, 韓國放送通信大學校, 1991, 457면; 오시영, 親族相續法(제2판), 학현사, 2011, 748면; 이경희, 가족법(제9판), 법원사, 2017, 573면; 조승현, 친족 · 상속(제6판), 신조사, 2016, 573면 등.

6) 자세한 내용은 中川善之助 編集/上野雅和 집필부분, 注釋民法 (26) 相續 (3), 有斐閣, 2013, 204頁 참조.

7) 中川善之助 編集/上野雅和 집필부분, 204頁.

일본 민법 제1000조는 유증의무자와 수증자 간의 관계를 규율하기 위한 조문이지, 수증자와 제3자 간의 관계를 정하는 조문이 아니기 때문이라고 한다.

② 개정 후 일본 민법의 법상황

일본은 2018.7.6. 자 개정에 의해 舊 일본 민법 제1000조를 삭제하는 한편, 종래 불특정물에 관한 유증의무자의 담보책임에 관해 규정하고 있었던 舊 일본 민법 제998조(우리 민법 제1082조의 내용과 같다)를 개정하여 "유언자가 별도의 의사를 표시하지 않은 한 유증의무자는 유증의 목적인 물건 또는 권리를 상속개시 당시의 상태로 인도 또는 이전할 의무를 부담한다"고 규정하였다.[8]

하지만 이러한 개정은 舊 일본 민법 제1000조에 대한 반성적 고려에 기초한 것이라기보다는, 일본의 개정 채권법이 매매 등 유상행위의 담보책임에 있어서 특정물 도그마를 포기하고 특정물 매매에 대해서도 매수인에게 추완청구권을 부여하는 한편,[9] 증여에서는 그 무상행위로서의 성격을 고려하여 증여의 목적으로 특정된 시점의 상태대로 인도 또는 이전하기로 약정한 것으로 추정하는 조문을 마련한 것에 대응하여, 유증의 경우에도 증여와 동일한 취지의 규정을 마련해서 추완책임을 면제해 주기로 하는 과정에서 유증목적물이 특정물인 경우와 불특정물인 경우를 통합하여 규율한 것에 불과하다.[10]

---

8) 위 조문은 2019.7.1.부터 시행될 예정이다.

9) 일본 개정 채권법상 매도인의 담보책임에 관해 자세히는 김철수, "일본민법 개정안에서의 매도인의 담보책임과 한국민법 개정에의 시사", 法學硏究 제28권 제1호(2017), 273-279면 참조.

10) 日本 法務省 法制審議会 民法 (相続関係) 部会 民法 (相續關係) 等の改正に關する中間試案の補足説明, 42-43頁. 위 자료는 http://www.moj.go.jp/

즉 개정 일본 민법은 舊 일본 민법과 마찬가지로 특정물에 대해 유증의무자의 담보책임을 면제하고 있으며, 다만 그 표현을 증여의 경우에 맞추어 수정하였을 뿐이다. 따라서 舊 일본 민법 제1000조에 관한 해석론은 현재에도 유효하다.

(4) 평 가

이상에서 살펴본 바와 같이 유상행위에서의 담보책임에서는 해당 물건에 대한 채권의 존재가 권리의 하자로 언급조차 되지 않음에 반해, 무상행위인 유증의 담보책임이 문제되는 경우에는 민법 제1085조에서 정한 제3자의 권리에 채권이 포함된다는 견해가 우리나라에서는 통설이고, 일본에서는 다수설이다.

이러한 차이는 어디에서 비롯하는가. 민법 제570조 이하의 규정은 매도인의 담보책임을 적극적으로 근거 지우기 위한 조문인 반면, 민법 제1085조는 유증의무자의 담보책임을 부정하기 위한 소극적 규정이기 때문이다. 민법 제1085조에 따른 '제3자의 권리'의 범위를 넓게 해석할수록 유증의무자가 면책될 수 있는 영역도 넓어진다. 민법 제570조 이하에서 논의되는 '권리의 하자'에서의 권리의 범위와 민법 제1085조에서 정하고 있는 권리의 범위를 동일하게 해석할 필요는 없다.

위와 같은 관점에서 민법 제1085조상의 '제3자의 권리'에 채권도 포함된다고 보는 것은 민법 전체의 체계에 비추어 특별히 어색할 것이 없다. 통설과 같이 수증자가 민법 제1085조에 따라 피상속인에 의해 설정된 채권의 존재까지 수인할 의무가 있다고 보는 것은 유언의 제1목표인 피상속인의 진정한 의사 실현에 부합하는 해석

---

shingi1/shingi04900291.html에서 확인할 수 있다(최종방문: 2019. 4. 10.).

이기도 하다.

첫째, 만약 이와 같이 해석하지 않는다면, 임차인이나 사용차주와 같이 대항력을 갖추지 못한 채권자(이하 이해의 편의를 위해 '차주'라고 한다)는 수증자가 소유권에 기초한 목적물 반환청구권을 행사하는 경우에 이를 반환하지 않을 수 없다. 그런데 목적물을 수증자에게 반환하게 된 차주는 더 이상 자신의 채권을 실현할 수 없게 된 것을 이유로 채무자, 즉 피상속인으로부터 대주의 지위를 승계받은 상속인을 상대로 각종의 채무불이행책임을 물을 수 있다. 그 결과 상속인은 유증목적물로부터 아무런 이익도 얻지 못한 채 제3자에게 채무불이행책임만을 지게 된다. 이는 유증의무자(즉, 상속인)에게 피상속인의 무상행위에 따른 일체의 책임을 면제해 주고자 하였던 민법 제1085조의 입법취지에 부합하지 않는다.

둘째, 수증자가 차주를 상대로 목적물반환청구권을 행사한 결과 상속인이 차주에게 채무불이행책임을 지게 된 경우에 상속인이 수증자를 상대로 구상 내지 보상을 청구할 수 있는 법적 근거가 존재하지 않는다. 그 결과 수증자는 아무런 책임도 부담하지 않은 채 무상으로 유증목적물의 소유권을 취득하는 이익만을 누리게 된다. 만약 피상속인이 유증목적물을 제외한 일반 상속재산으로 그 채무불이행 책임을 부담하면서까지 수증자에게 완전한 소유권을 취득시키고자 하는 의사를 가지고 있었음이 명백하다면, 그의 최종적 의사를 존중하여 수증자에게 위와 같은 이익을 귀속시키더라도 문제될 것이 없다. 하지만 피상속인에게 그러한 의사가 없었던 경우 또는 그러한 의사였는지 여부가 명백하지 않은 경우라면 유증목적물에 대한 채권의 존재는 유증의무자보다는 해당 유증목적물의 소유권을 이전받은 수증자의 부담으로 돌아가는 것이 보다 합리적이다. 이러한 부담을 받고 싶지 않은 수증자는 유증을 포기하면 그만이다.

그러므로 유증에 있어서 "물건은 그 부담과 함께 이전한다(res transit cum suo onere)"는 오래된 법격언은 문자 그대로 이해될 필요가 있다. 생전행위인 증여와 달리 사인행위인 유증의 경우에 소유권의 이전에 따른 채권-채무관계의 처리에 의해 최종적인 책임을 지게 되는 것은 증여자 자신이 아닌 그의 상속인이기 때문이다.

물론 유증목적물 외에 상속적극재산이 존재하고 있는 경우라면 상속인이 그 채무불이행에 따른 책임을 지는 것이 경제적으로 특별히 불이익하지 않고, 그렇지 않더라도 상속인이 가지고 있는 '피상속인의 포괄승계인'이라는 지위에 주목해 보면 상속인이 최종적인 책임을 부담한다고 하여 부당한 것은 아니라는 결론에 도달할 수도 있다. 그리고 거듭 서술하지만, 상속인에게 그런 책임을 부담시키고 채권이 붙어 있지 않은 완전한 소유권을 수증자에게 이전하는 것이 피상속인의 진정한 의사였다면 그와 같이 처리하더라도 아무런 문제가 없다.

하지만 피상속인의 의사가 확실하지 않은 경우라면 우리는 임의규정으로서 그 의사를 보충할 수 있고, 본 사안에서는 민법 제1085조가 바로 유언의 해석을 위한 기준이 되어 준다. 즉, 유언자가 유언으로 다른 의사를 표시한 때가 아닌 한, 수증자는 유증의무자를 상대로 유언자의 사망 당시 유증목적물에 대해 제3자가 가지고 있는 채권을 소멸시킬 것을 청구하지 못한다. 대상판결은 이 점을 선언한다는 점에서 중요한 의미가 있다.

(5) 보 론

물론 원심법원과 일본의 주석서, 그리고 우리나라의 한 견해가 정확하게 지적하고 있듯이, 민법 제1085조는 유증의무자와 수증자 간의 법률관계를 규율하기 위한 조문일 뿐이고, 유증의무자와 제3자 간의 관계 또는 수증자와 제3자 간의 관계를 규율하기 위한 조문은 아니다. 따라서 민법 제1085조를 위와 같이 해석한다고 하여 제3자가 수증자에게 자신의 채권으로 대항할 수 있다는 결론이 논리적으로 당연히 도출되어야 하는 것은 아니다.

즉, 민법 제1085조의 해석과 무관하게 사안에서 사용차주는 수증자에게 사용차권으로 직접 대항하지 못한다. 수증자는 민법 제1085조에 따라 유증의무자에 대해 그 사용대차의 존재를 용인할 부담을 질 뿐이다. 이러한 의미에서 민법 제1085조는, 피상속인에 의한 다른 의사표시가 없는 한, 유증목적물이 제3자의 채권의 목적이 되어 있는 경우에 수증자에게 그 채권의 존재를 수인하는 부담을 부과하려는 것, 즉 '부담부 유증'을 하려는 것이 피상속인의 의사였던 것으로 해석하는 의사해석규정으로서의 기능을 함께 수행한다.

만약 수증자가 그 부담의무를 이행하지 않고 사용차주를 상대로 목적물의 반환을 청구한다면, 상속인 또는 유언집행자는 민법 제1111조에 따라 그 유언의 취소를 청구하고 목적물의 반환을 구할 수 있을 것이다.[11] 한편, 수증자는 그 채권의 존재로 인한 부담(사안의 경우 사용차주의 무상사용으로 인한 임료 상당의 누적 손실액)이 유증목적물의 가액을 초과하는 경우에는 더 이상 그 부담을 이행하지 않아도 된다(민법 제1088조 제1항).

상속인이 채권자와의 사이에서 그 권리를 소멸시킬 수 있는 권리를 가지고 있는 경우(가령 사용대차의 경우 민법 제613조에 따른 해

---

11) 이때 채권자인 제3자(즉, 부담부 유증에 따른 수익자)는 유언의 취소를 청구할 수 없다는 것이 다수설이다. 김주수 · 김상용(2015), 420면; 박동섭(2013), 771면; 오시영(2011), 760면; 이경희(2017), 594면 등 참조.

지권)에 수증자는 그 권리를 대신 행사함으로써 자신의 부담을 제
거 내지 감축시킬 수 있는가. 기존의 문헌들은 "유언자가 타인에
대하여 유증 목적물 위에 존재하는 제3자의 권리를 소멸시키도록
청구할 권리를 가질 때에는 이 권리는 종된 권리로서 수증자에게
이전한다"고 서술하고 있으나, 이러한 법리는 가령 저당권이 붙어
있는 부동산에 관하여 저당권의 불성립 또는 소멸 등으로 인해 유
언자가 가지고 있었던 저당권말소청구권과 같이 물권적 청구권의
성격을 가지고 있는 경우에 한하여 타당하다.[12] 채권적 관계로부
터 발생하는 소멸청구권은 상대적 효력을 가질 뿐이어서 채권-채
무관계의 당사자만이 행사할 수 있음이 원칙이며, 그 채권의 객체
에 관해 소유권을 취득한 자라고 하여 당연히 행사할 수 있는 것은
아니기 때문이다.

3. 대상판결의 의의

대상판결은 특정물 유증에서의 담보책임이 문제된 최초의 판결
이다. 유상계약에서의 일반적인 담보책임과 달리 민법 제1085조
는 무상행위인 유증에서 유증의무자는 원칙적으로 담보책임을 부
담하지 않는다고 선언하고 있다. 대상판결은 위 조문이 유증목적
물에 제한물권이 설정되어 있는 경우뿐만 아니라, 사용대차와 같
은 채권이 성립되어 있는 경우에도 적용됨을 명시하였다는 점에서
중요한 의미를 갖는다.

민법 제1085조는 유증의무자의 담보책임 면제 범위를 확대한다

---

12) 기존의 문헌들도 모두 이러한 사안만을 예시로 들면서 위와 같은 서술을
하고 있다. 가령 김용한(1962), 42면; 김주수·김상용(2018), 829면; 朴秉
濠(1991), 457면; 오시영(2011), 748면; 윤진수(2018), 543면 등.

는 취지를 가지고 있을 뿐만 아니라, 피상속인에 의한 다른 의사표시가 없는 한, 채권이 붙어 있는 특정물을 유증하는 경우에는 수증자에게 그 채권의 존속을 수인할 것을 명하는 부담부 유증을 한 것으로 유언자의 의사를 해석하는 임의규정으로서의 성격도 함께 가지고 있다.13)

대상판결은 민법 제1085조를 근거로 수증자와의 관계에서도 피고의 유증목적물에 대한 무상 점유 · 사용권의 존속을 인정하고 있는바, 사인(死因) 무상행위에서의 담보책임의 특수성을 존중할 뿐만 아니라, 수증자 · 유증의무자 · 제3자 간의 이익상황을 고려하여 민법 제1085조가 가지고 있는 '유언의 해석' 규정으로서의 성격을 인정하였다는 점에서 지극히 타당하다.

---

13) 이에 반해 권영준(2019), 387면 역시 부담부 유증에 의해 수증자가 사용차주인 제3자에게 사용대주로서의 채무를 부담시키는 것은 가능하다고 하면서도, 대상판결은 "부담부 유증이 아닌 일반 유증에서도 수증자가 민법 제1085조에 기초하여 이러한 채무를 부담한다고 보았다"는 점에서 대상판결의 태도에 찬성할 수 없다고 한다.

참고문헌

1. 단행본

가. 국내문헌

고정명 · 조은희, 친족 · 상속법, 제주대학교 출판부, 2011.

김주수 · 김상용, 註釋 民法[相續(2)](제4판), 韓國司法行政學會, 2015.

김주수 · 김상용, 친족 · 상속법(제15판), 法文社, 2018.

박동섭, 친족상속법(제4판), 박영사, 2013.

朴秉濠, 家族法, 韓國放送通信大學校, 1991.

오시영, 親族相續法(제2판), 학현사, 2011.

이경희, 가족법(제9판), 법원사, 2017.

조승현, 친족 · 상속(제6판), 신조사, 2016.

나. 외국문헌

中川善之助 編集/上野雅和 집필부분, 注釋民法 (26) 相續 (3), 有斐閣,
  2013.

2. 일반논문

권영준, "2018년 민법 판례 동향", 서울대학교 法學 제60권 제1호(2019.
  3.).

김명숙, "2018년 가족법 중요판례평석", 인권과 정의 통권 480호(2019.
  3.).

김용한, "유증의 효력", 법조 제11권 12호(1962).

김철수, "일본민법 개정안에서의 매도인의 담보책임과 한국민법 개정에의 시사", 法學硏究 제28권 제1호(2017).

최수정, "유증목적물에 대한 제3자의 권리", 家族法硏究 第33卷 1號(2019. 3.).

유류분 부족액 산정 시
유류분제도 시행 전 이행된 특별수익의 취급
―대법원 2018.7.12. 선고 2017다278422 판결―

정구태*

Ⅰ. 사실관계

A(2015.9.4. 사망)는 남편인 B(1950.7.8. 사망)와 사이에 4명의 자녀로 원고들, 피고 및 C를 두었다. C는 A의 사망 전인 2001.11.19. 사망하였는데, 그 배우자로는 처 D, 자녀들로는 E, F, G, H가 있었다. A가 2015.9.4. 사망할 당시 A 소유의 재산으로는 이 사건 부동산이 있었고, 그 밖에 다른 적극재산이나 소극재산은 없었다. A는 사망 전인 2013.5.30. 이 사건 부동산을 피고에게 유증하는 내용의 유언공정증서를 작성하였다. 이에 따라 피고는 A의 사망 후인 2015.10.7. 이 사건 부동산에 관하여 유증을 원인으로 한 소유권이전등기를 마쳤다.

* 조선대학교 법과대학 교수, 법학박사.

II. 소송의 경과

원고들은, 이 사건 부동산 중 원고들의 각 유류분(1/8 지분) 침해분을 현물로 반환받을 권리가 있다고 주장하면서 이 사건 유류분 반환청구를 하였다. 이에 대해 피고는, 원고들이 A로부터 이미 증여받은 재산들이 피고가 유증받은 이 사건 부동산보다 훨씬 많으므로 이를 반영하여 유류분액을 계산하면 원고들의 유류분이 침해된 것은 없다고 항변하였다.

이에 대하여 원심은 원고들이 A로부터 부동산을 증여받고 이행이 완료된 시점은 유류분 제도가 시행된 1979.1.1. 이전이므로, 이러한 증여재산은 유류분 산정에 고려하지 않는 것이 타당하다고 하면서 원고들의 청구를 인용하였다(서울서부지방법원 2017.10.12. 선고 2017나34855 판결). 원심의 이 부분 판결 요지는 다음과 같다.

"유류분 제도가 생기기 전에 피상속인이 상속인이나 제3자에게 재산을 증여하고 이행을 완료하여 소유권이 수증자에게 이전된 때에는 피상속인이 1977.12.31. 법률 제3051호로 개정된 민법(1979. 1.1. 시행, 이하 '개정 민법'이라 한다) 시행 이후에 사망하여 상속이 개시되더라도 소급하여 증여재산이 유류분 제도에 의한 반환청구의 대상이 되지 않는다. 개정 민법의 유류분 규정을 개정 민법 시행 전에 이루어지고 이행이 완료된 증여에까지 적용한다면 수증자의 기득권을 소급입법에 의하여 제한 또는 침해하는 것이 되어 개정 민법 부칙 제2항의 취지에 반하기 때문이다(대법원 2012.12.13. 선고 2010다78722 판결 참조). 그리고 개정 민법 부칙 제2항1)의 문

---

1) 부칙 〈법률 제3051호, 1977.12.31.〉 ② 이 법은 종전의 법률에 의하여 생긴 효력에 대하여 영향을 미치지 아니한다.

언과 법적 안정성을 기하고자 하는 그 취지, 유류분 제도는 피상속인의 재산처분 내지 유언의 자유 원칙을 제한하여 유족들의 생존권과 상속재산과 관련한 기대를 일정 범위에서 보호하고자 하는 것인바, 피상속인과 상속인 등을 둘러싼 재산관계를 전체적으로 파악하여 상호 간 유류분 침해 여부를 판단함에 있어 유류분 반환청구자와 피청구자를 달리 취급할 이유가 없는 점 등에 비추어 보면, 개정 민법 시행 전에 피상속인으로부터 어느 상속인에게 증여되어 그 이행이 이미 완료된 재산의 경우 유류분액 산정을 위한 기초 재산으로도 포함(산입)되지 아니한다고 보는 것이 타당하다. 즉, 개정 민법 시행 전에 이전이 완료된 재산은 유류분 산정에 있어 고려하지 않는다고 보아야 한다."

Ⅲ. 대상판결의 요지

대상판결은 다음과 같이 판시하여 원심판결을 파기환송하였다.

"유류분 제도가 생기기 전에 피상속인이 상속인이나 제3자에게 재산을 증여하고 이행을 완료하여 소유권이 수증자에게 이전된 때에는 피상속인이 1977.12.31. 법률 제3051호로 개정된 민법(이하 '개정 민법'이라 한다) 시행 이후에 사망하여 상속이 개시되더라도 소급하여 증여재산이 유류분 제도에 의한 반환청구의 대상이 되지는 않는다. 개정 민법의 유류분 규정을 개정 민법 시행 전에 이루어지고 이행이 완료된 증여에까지 적용한다면 수증자의 기득권을 소급입법에 의하여 제한 또는 침해하는 것이 되어 개정 민법 부칙 제2항의 취지에 반하기 때문이다. 개정 민법 시행 전에 이미 법률관계가 확정된 증여재산에 대한 권리관계는 유류분 반환청구자이든 반환의무자이든 동일하여야 하므로, 유류분 반환청구자가 개정 민법 시행 전에 피상속인으로부터 증여받아 이미 이행이 완료된 경우에는 그 재산 역시 유류분산정을 위한 기초재산에 포함되지 아니한다고 보는 것이 타당하다.

그러나 유류분 제도의 취지는 법정상속인의 상속권을 보장하고 상속인 간의 공평을 기하기 위함이고, 민법 제1115조 제1항에서도 '유류분권리자가 피상속인의 증여 및 유증으로 인하여 그 유류분에 부족이 생긴 때에는 부족한 한도 내에서 그 재산의 반환을 청구할 수 있다'고 규정하여 이미 법정 유류분 이상을 특별수익한 공동상속인의 유류분 반환청구권을 부정하고 있다. 이는 개정 민법 시행 전에 증여받은 재산이 법정 유류분을 초과한 경우에도 마찬가지로 보아야 하므로, 개정 민법 시행 전에 증여를 받았다는 이유만으로 이를 특별수익으로도 고려하지 않는 것은 유류분 제도의 취지와 목적에 반한다고 할 것이다. 또한 민법 제1118조에서 제1008조를 준용하고 있는 이상 유류분 부족액 산정을 위한 특별수익에는 그 시기의 제한이 없고, 민법 제1008조는 유류분 제도 신설 이전에 존재하던 규정으로 민법 부칙 제2조와도 관련이 없다.

따라서 개정 민법 시행 전에 이행이 완료된 증여 재산이 유류분 산정을 위한 기초재산에서 제외된다고 하더라도, 위 재산은 당해 유류분 반환청구자의 유류분 부족액 산정 시 특별수익으로 공제되어야 한다."

IV. 해 설

1. 대상판결의 논점

유류분 부족액은 유류분 산정을 위한 기초재산(이하 '유류분 기초 재산'이라 한다)에서 유류분율을 곱해 산정한 유류분액에서 유류분 권리자의 특별수익액과 순상속분액을 각 공제해 산정한다.[2] 이를 계산식으로 표시하면 아래와 같다.

유류분 부족액
  = {유류분 산정을 위한 기초재산(A)×당해 유류분권리자의 유류분 율(B)} − 당해 유류분권리자의 특별수익액(C) − 당해 유류분권리 자의 순상속분액(D)
A = 상속개시 시의 적극재산 + 증여액 − 상속채무액
C = 당해 유류분권리자의 수증액 + 수유액
D = 당해 유류분권리자가 상속에 의하여 얻은 재산액 − 상속채무분 담액

유류분제도 시행 전에 당해 유류분권자에게 이행된 특별수익은 유류분 기초재산(A)을 산정함에 있어 가산되는 증여재산에 포함되 지 않는바(대법원 2012.12.13. 선고 2010다78722 판결), 당해 유류분 권자의 특별수익액(C)을 산정함에 있어서도 유류분제도 시행 전에 그에게 이행된 증여는 가산되지 않아야 하는지가 문제된다. 원심 은 원고들의 특별수익액(C)을 산정함에 있어서도 유류분제도 시행

---

2) 상세한 것은 정구태, "遺留分 侵害額의 算定方法에 관한 小考―相續에 의 해 取得한 積極財産額의 算定方法을 중심으로―", 고려법학 제51호(고려대 학교 법학연구원, 2008.10), 439~484면 참조.

전에 원고들에게 이행된 증여는 가산되지 않아야 한다고 본 반면, 대상판결은 가산되어야 한다고 보았다.

2. 이론적 검토

(1) 유류분 기초재산에 산입되는 특별수익의 시적 범위

유류분반환청구권은 실제로는 제3자가 아니라 다른 공동상속인을 상대로 행사되는 경우가 대다수이다. 이 경우에도 유류분 기초재산에 산입되는 증여재산의 범위를 한정하고 있는 민법[3] 제1114조[4]가 적용되는지에 대하여, 판례는 이를 부정한다. 제1118조에 의하여 준용되는 제1008조는 공동상속인 중에 피상속인으로부터 재산의 증여 또는 유증을 받은 특별수익자가 있는 경우 공동상속인들 사이의 공평을 기하기 위하여 그 수증재산을 상속분의 선급으로 다루어 구체적인 상속분을 산정함에 있어 이를 참작하도록 하려는 데 그 취지가 있는바, 공동상속인 중에 특별수익자가 있는 경우 그에 대한 증여는 상속개시 전의 1년간에 행한 것인지 여부에 관계없이 유류분 기초재산에 산입된다는 것이다(대법원 1995.6.30. 선고 93다11715 판결; 대법원 1996.2.9. 선고 95다17885 판결).[5]

---

3) 이하에서 민법 규정은 법령 표시를 생략하고 조문만으로 표기한다.

4) 제1114조(산입될 증여) 증여는 상속개시전의 1년간에 행한 것에 한하여 제1113조의 규정에 의하여 그 가액을 산정한다. 당사자 쌍방이 유류분권리자에 손해를 가할 것을 알고 증여를 한 때에는 1년 전에 한 것도 같다.

5) 해석론으로서는 판례에 찬동하는 견해가 통설에 가깝다. 최준규, "유류분과 기업승계 — 우리 유류분 제도의 비판적 고찰", 사법 제37호(사법발전재단, 2016.9), 376면도 제1008조는 증여액을 '가산'하여 도출된 상정 상속분에 증여액을 기간 제한 없이 '공제'하여 구체적 상속분을 산정하라는 취지로 해석되어, 제1008조의 참뜻에는 문언상의 '공제'뿐만 아니라 문언에 규정되지 않은 '산입'도 당연히 논리필연적으로 포함되는데, 그렇다면 제1008

헌법재판소도 공동상속인의 특별수익에 대하여 그 증여가 이루어진 시기를 묻지 않고 모두 유류분 기초재산에 산입하도록 하는 제1118조의 준용조항은, 유류분권리자의 보호와 공동상속인들 상호간의 공평을 입법목적으로 하는 것으로서 반환의무자의 재산권을 침해하지 않는다고 한다(헌법재판소 2010.4.29. 선고 2007헌바144 결정).6)

(2) 유류분액 산정 시 유류분제도 시행 전 이행된 특별수익의 취급

가. 공동상속인의 특별수익에 해당하는 증여라고 하여 무제한적으로 유류분 기초재산에 산입되는 것은 아니다. 유류분제도는 1977.12.31. 개정된 민법이 1979.1.1.부터 시행되면서 새로 도입되었는바, 유류분제도가 시행되기 전에 이미 이행된 증여재산까지 특별수익으로서 산입할 경우 소급입법에 의한 재산권 침해가 문제될 수 있기 때문이다. 판례도 유류분제도가 생기기 전에 피상속인이 상속인이나 제3자에게 재산을 증여하고 그 이행을 완료하여 소유권이 수증자에게 이전된 때에는 피상속인이 개정 민법 시행 이

조를 유류분에 준용할 때에도 '공제'는 물론 '산입'까지 포함하는 그 참뜻은 그대로 옮아가야 하고, 따라서 '산입'까지도 유류분에 준용되는 한 특별수익은 기간 제한 없이 반환대상이 된다고 보는 해석론이 제1114조의 문언체계와도 어울린다고 한다. 이와 달리 윤진수, 친족상속법강의(제2판), 박영사, 2018, 565~566면은, 상속개시보다 훨씬 이전에 행해진 증여까지 공동상속인에 대한 증여로 유류분 산정에서 고려하는 것은 문제가 있다고 하면서, 해석론으로서도 제1114조는 제1008조에 대한 특별규정으로서 공동상속인에 대한 상속개시 전 1년 전의 증여도 당사자 쌍방이 유류분권리자에게 손해를 가할 것을 안 때에만 유류분 기초재산에 포함해야 한다고 본다.

6) 이 결정에 대한 찬동하는 평석으로 정구태, "공동상속인 간의 유류분 반환과 특별수익 - 헌법재판소 2010.4.29. 선고 2007헌바144결정을 중심으로 -", 가족법연구 제24권 제3호(한국가족법학회, 2010.11), 451~488면 참조.

후에 사망하여 상속이 개시되더라도 소급하여 그 증여재산이 유류분 제도에 의한 반환청구의 대상이 되지는 않는다고 한다(대법원 2012.12.13. 선고 2010다78722 판결). 1977년 개정 민법의 유류분 규정을 개정 민법 시행 전에 이루어지고 이행이 완료된 증여에까지 적용한다면 수증자의 기득권을 소급입법에 의하여 침해하는 것이 되어 개정 민법 부칙 제2항("이 법은 종전의 법률에 의하여 생긴 효력에 대하여 영향을 미치지 아니한다")의 취지에 반한다는 것이다.7)

나. 이러한 법리는 그 특별수익이 반환의무자가 아니라 유류분 반환청구자에게 이행된 증여인 경우에도 마찬가지이다. 즉, 1977년 개정 민법 시행 전에 이미 법률관계가 확정된 증여재산에 대한 권리관계는 유류분 반환청구자이든 반환의무자이든 동일하여야 하므로, 유류분 반환청구자가 개정 민법 시행 전에 피상속인으로부터 증여받아 이미 이행이 완료된 경우에는 그 재산 역시 유류분 기초재산에 포함되지 않는다(대법원 2018.7.12. 선고 2017다278422 판결).

다. 이와 달리, 개정 민법 시행 이전에 증여계약이 체결되었더라도 그 이행이 완료되지 않은 상태에서 개정 민법이 시행되고 그 이후에 상속이 개시된 경우에는 상속 당시 시행되는 개정 민법에 따라 위 증여계약의 목적이 된 재산도 유류분반환의 대상에 포함된다. 유류분제도가 시행된 1979.1.1.의 時點에서 본다면, 이 경우는 피상속인과 수증자 사이에 증여계약에 의한 채권채무는 발생하였지만, 아직 피상속인으로부터 수증자에게 증여목적물의 소유권이 이전되지는 않은 경우이다. 그렇다면, 유류분제도 시행 당시 피상

---

7) 진정소급입법의 원칙적 금지라는 관점에서 이에 찬동하는 평석으로 정구태, "유류분제도 시행 전 증여된 재산에 대한 유류분반환 ― 대법원 2012.12. 13. 선고 2010다78722 판결 ―", 홍익법학 제14권 제1호(홍익대학교 법학연구소, 2013.2), 843~866면 참조.

속인과 수증자 사이의 법률관계는 '이미 과거에 시작하였으나 아직 완성되지 않고 진행과정에 있는 법률관계'라고 보아야 하고, 이때에는 1977년 개정민법이 부진정소급입법으로서 소급적용되어, 유류분제도 시행 이후 이행되어 수증자에게 귀속된 증여재산도 유류분 반환의 대상에 포함된다.

다만, 침해받은 수증자의 이익의 보호가치, 침해의 중한 정도, 수증자의 신뢰가 손상된 정도, 신뢰침해의 방법 등과 새 입법을 통해 실현하고자 하는 공익적 목적을 종합적으로 비교·형량한 결과, 수증자의 신뢰보호가 우월적 가치라고 인정되는 경우에는 예외적으로 개정민법이 소급적용될 수 없다. 그러나 우리 민법의 해석상 증여목적물의 소유권이전시점은 '계약 시'가 아닌 '이전등기 시'라는 점, 유류분제도 시행 당시 수증자의 법적 지위는 채권자에 불과하였다는 점을 고려하면, 이때에는 수증자의 신뢰보호보다 유류분권리자로 하여금 법정상속분의 일부에 대한 취득을 법적으로 보장하고자 하는 유류분제도의 입법목적 실현이 보다 더 우위에 있다.

판례도 "증여계약이 개정민법 시행 전에 체결되었지만 그 이행이 개정민법 시행 이후에 되었다면 그 재산은 유류분 산정의 대상인 재산에 포함시키는 것이 옳고, 이는 그 증여계약의 이행이 개정민법 시행 이후에 된 것이면 그것이 상속개시 전에 되었든 후에 되었든 같다"고 한다(대법원 2012.12.13. 선고 2010다78722 판결).[8]

---

8) 다만, 이 판결이 이러한 결론을 뒷받침하기 위한 논거로서 1977년 개정민법 부칙 제5항('이 법 시행일 전에 개시된 상속에 관하여는 이 법 시행일 후에도 종전의 규정을 적용한다')의 반대해석을 들고 있는 것은 타당하지 않다. 이에 관한 상세는 정구태(주7), 858~859면 참조.

(3) 유류분 부족액 산정 시 유류분제도 시행 전 이행된 특별수익의
취급

위 (2) 나.에서 본 바와 같이 유류분제도 시행 전에 당해 유류분
권자에게 이행된 특별수익은 유류분 기초재산을 산정함에 있어 가
산되는 증여재산에 포함되지 않는다. 그러나 당해 유류분권자의
특별수익액을 산정함에 있어서는 유류분제도 시행 전에 그에게 이
행된 증여도 가산하여야 한다.

개정 민법 시행 전에 증여를 받았다는 이유만으로 이를 특별수
익으로도 고려하지 않는 것은 유류분 제도의 취지와 목적에 반한
다. 유류분 제도의 취지는 법정상속인의 상속권을 보장하고 상속
인 간의 공평을 기하기 위함이고,[9] 제1115조 제1항도 이미 유류분
액 이상을 특별수익한 공동상속인의 유류분 반환청구권을 부정하
는바, 이는 개정 민법 시행 전에 유류분권자가 증여받은 재산이 유
류분액을 초과한 경우에도 마찬가지로 보아야 하기 때문이다. 또
한 제1118조에서 제1008조를 준용하고 있는 이상 유류분 부족액
산정을 위한 특별수익에는 그 시기의 제한이 없고,[10] 제1008조는

---

9) 유류분제도의 취지에 대해서는 정구태, "유류분제도의 존재이유에 대한
현대적 조명 – 유류분제도 비판론에 대한 비판적 검토 –", 법학논총 제33
권 제2호(단국대학교 법학연구소, 2009.12), 709~736면 참조.

10) 윤진수(주5), 566면은 공동상속인에 대한 특별수익을 제1114조의 기간 제
한 없이 유류분 기초재산에 포함하는 판례에 반대하면서도, 제1118조에 의
하여 제1008조가 준용되므로 유류분 부족액을 산정함에 있어 공제하여야
할 당해 유류분권리자의 수증액은 증여의 시기에 관계없이 고려되어야 한
다고 한다. 제1118조가 제1008조를 준용하는 것은 유류분권리자의 유류분
부족액을 산정함에 있어서 그가 받은 특별수익을 공제하여야 한다는 의미
일 뿐, 유류분 기초재산에 산입되는 증여의 시간적 제한이 없다는 의미는
아니라는 것이다. 윤진수, "상속법의 변화와 앞으로의 과제", 우리 법 70년
변화와 전망 – 사법을 중심으로 – : 청헌 김증한 교수 30주기 추모논문집
(법문사, 2018), 622면 주 77)도 대상판결을 언급하며 이러한 취지를 밝히고

유류분 제도 신설 이전부터 존재하던 규정으로 부칙 제2조[11])와도 관련이 없다.

따라서 개정 민법 시행 전에 유류분권자에게 이행이 완료된 증여 재산이 유류분 기초재산(A)에서 제외되더라도, 위 재산은 당해 유류분 반환청구자의 유류분 부족액 산정 시 특별수익(C)으로 공제되어야 한다(대법원 2018.7.12. 선고 2017다278422 판결).

3. 관련판례

공동상속인에 대한 증여가 특별수익인지 여부는 '무상성'("가치의 교환으로서 행해진 것인가?")과 '형평성'("상속인 간의 형평을 깨뜨리는 것인가?")이라는 객관적 기준에 따라 판단하여야 하는바, 피상속인이 특정 상속인에게 피상속인의 사업 등에 관한 노무의 제공이나 재산상의 급부, 요양간호, 부양 등의 대가로서 이익을 부여한 것이라면 이는 애초에 '무상성'을 결여하므로 유류분반환의 대상이 되는 특별수익에 해당하지 않는다.

가령 생전증여를 받은 상속인이 배우자로서 일생 동안 피상속인의 반려가 되어 그와 함께 가정공동체를 형성하고 이를 토대로 서로 헌신하며 가족의 경제적 기반인 재산을 획득·유지하고 자녀들에게 양육과 지원을 계속해 온 경우, 생전증여에는 위와 같은 배우자의 기여나 노력에 대한 보상 내지 평가, 실질적 공동재산의 청산, 배우자 여생에 대한 부양의무 이행 등의 의미도 함께 담겨 있

있다.

11) 부칙 〈제471호, 1958.2.22.〉 제2조 (본법의 소급효) 본법은 특별한 규정이 있는 경우외에는 본법 시행일전의 사항에 대하여도 이를 적용한다. 그러나 이미 구법에 의하여 생긴 효력에 영향을 미치지 아니한다.

다고 봄이 타당하므로, 그러한 한도 내에서는 생전증여를 특별수익에서 제외하더라도 자녀인 공동상속인들과의 관계에서 공평을 해친다고 말할 수 없다.

판례도 같은 취지이다(대법원 2011.12.8. 선고 2010다66644 판결). 이 판결은, 甲이 乙과 사이에 딸 丙 등과 아들 丁을 두고 乙의 사망 시까지 43년 4개월 남짓의 혼인생활을 유지해 오다가 乙의 사망 7년 전에 乙에게서 부동산을 생전 증여받은 사안에서, 乙이 부동산을 甲에게 생전 증여한 데에는 甲이 乙의 妻로서 평생을 함께하면서 재산의 형성·유지과정에서 기울인 노력과 기여에 대한 보상 내지 평가, 청산, 부양의무 이행 등의 취지가 포함되어 있다고 볼 여지가 충분하고, 이를 반드시 공동상속인 중 1인에 지나지 않는 甲에 대한 상속분의 선급이라고 볼 것만은 아니므로, 위 부동산 외에는 아무런 재산이 없던 乙이 이를 모두 甲에게 증여하였다는 사정만으로 증여재산 전부를 특별수익에 해당한다고 본 원심판결에는 배우자의 특별수익에 관한 법리오해의 위법이 있다고 판시하였다.[12]

---

12) 정구태, "유류분반환청구권의 행사에 관한 법적 쟁점 — 대법원 2012.5.24 선고 2010다50809 판결을 중심으로 —", 한국콘텐츠학회 논문지 제12권 제9호(한국콘텐츠학회, 2012.9), 209면. 한편, 윤진수, "배우자의 상속법상 지위 개선 방안에 관한 연구", 가족법연구 제33권 제1호(한국가족법학회, 2019.3), 60면 주184)에 따르면, 이 판결은 유류분반환청구의 상대방이 반환 대상인 특별수익이 자신의 기여에 대한 대가로 주어진 것이라고 하는 기여분 항변을 할 수 없다(대법원 1994.10.14. 선고 94다8334 판결)고 하는 문제점을 완화하기 위한 것으로 이해될 여지도 있다고 한다. 정다영, "특별수익과 배우자의 상속분", 입법과 정책 제10권 1호(입법조사처, 2018.4), 37면도 같은 취지이다.

4. 대상판결의 의의

원심이 유류분제도 시행 전에 원고들에게 이행된 증여를 유류분 기초재산에 포함하지 않은 것은 타당하지만, 이를 원고들의 유류분 부족액 산정 시 공제되는 원고들의 특별수익에도 포함하지 않은 것은 부당하다. 원심으로서는 이를 원고들의 특별수익으로 고려하여 원고들의 유류분 부족액을 산정했어야 했다. 원심 판결의 오류는 유류분액 산정과 유류분 부족액 산정의 문제를 구별하지 못한 데서 비롯되었다. 제1118조가 준용하는 제1008조는 민법 제정 시부터 존재한 것으로서 유류분제도 시행 여부와는 관계가 없다.

대상판결은 유류분제도 시행 전에 이행이 완료된 증여가 유류분 기초재산에는 포함되지 않더라도, 유류분 부족액 산정을 위한 특별수익에는 포함된다고 보아야 함을 명백히 한 최초의 판결이라는 점에서 의의가 있다.

참고문헌

윤진수, "배우자의 상속법상 지위 개선 방안에 관한 연구", 가족법연구 제33권 제1호(한국가족법학회, 2019.3).

윤진수, "상속법의 변화와 앞으로의 과제", 우리 법 70년 변화와 전망 ─ 사법을 중심으로: 청헌 김증한 교수 30주기 추모논문집(법문사, 2018).

윤진수, 친족상속법강의(제2판), 박영사, 2018.

정구태, "공동상속인 간의 유류분 반환과 특별수익 ─ 헌법재판소 2010.4. 29. 선고 2007헌바144 결정을 중심으로", 가족법연구 제24권 제3호(한 국가족법학회, 2010.11).

정구태, "遺留分 侵害額의 算定方法에 관한 小考 ─ 相續에 의해 取得한 積極財産額의 算定方法을 중심으로", 고려법학 제51호(고려대학교 법 학연구원, 2008.10).

정구태, "유류분반환청구권의 행사에 관한 법적 쟁점 ─ 대법원 2012.5. 24 선고 2010다50809 판결을 중심으로", 한국콘텐츠학회 논문지 제12 권 제9호(한국콘텐츠학회, 2012.9).

정구태, "유류분제도 시행 전 증여된 재산에 대한 유류분반환 ─ 대법원 2012.12.13. 선고 2010다78722 판결", 홍익법학 제14권 제1호(홍익대 학교 법학연구소, 2013.2).

정구태, "유류분제도의 존재이유에 대한 현대적 조명 ─ 유류분제도 비판 론에 대한 비판적 검토", 법학논총 제33권 제2호(단국대학교 법학연구 소, 2009.12).

정다영, "특별수익과 배우자의 상속분", 입법과 정책 제10권 1호(입법조 사처, 2018.4).

최준규, "유류분과 기업승계 ─ 우리 유류분 제도의 비판적 고찰", 사법 제37호(사법발전재단, 2016.9).

필자 약력

곽민희
- 숙명여자대학교 법과대학 졸업
- 서울대학교 대학원 법학박사
- 현재 숙명여자대학교 법과대학 교수

김상훈
- 고려대학교 법과대학 졸업
- 고려대학교 대학원 법학박사
- 미국 서던캘리포니아대학교(USC) 로스쿨 졸업(LL.M.)
- 사법연수원 수료(33기)
- 현재 법무법인 바른 변호사

박동섭
- 서울대학교 법과대학 졸업
- 연세대학교 대학원 법학박사
- 사법연수원 수료(1기)
- 서울가정법원 부장판사 역임
- 현재 법무법인 새한양 변호사

배인구
- 고려대학교 법과대학 졸업
- 고려대학교 대학원 법학박사과정 수료
- 사법연수원 수료(25기)
- 서울가정법원 부장판사 역임
- 현재 법무법인 로고스 변호사

서종희
- 연세대학교 법과대학 졸업
- 연세대학교 대학원 법학박사
- 국민대학교 법과대학 교수 역임
- 현재 건국대학교 법학전문대학원 교수

엄경천

- 한양대학교 법과대학 졸업
- 사법연수원 수료(34기)
- 현재 법무법인 가족 변호사

정구태

- 고려대학교 법과대학 졸업
- 고려대학교 대학원 법학박사
- 현재 조선대학교 법과대학 교수

정다영

- 서울대학교 법과대학 졸업
- 서울대학교 대학원 법학박사과정 수료
- 사법연수원 수료(40기)
- 현재 영남대학교 법학전문대학원 교수

조인선

- 서울대학교 외교학과 졸업
- 서울대학교 대학원 경영학석사
- 사법연수원 수료(40기)
- 현재 YK법률사무소 변호사

현소혜

- 서울대학교 법과대학 졸업
- 서울대학교 대학원 법학박사
- 사법연수원 수료(35기)
- 서강대학교 법학전문대학원 교수 역임
- 현재 성균관대학교 법학전문대학원 교수

2018년 가족법 주요 판례 10선

초판 인쇄 2019년 6월 15일
초판 발행 2019년 6월 25일
—
저 자 곽민희 · 김상훈 · 박동섭 · 배인구 · 서종희
　　　　 엄경천 · 정구태 · 정다영 · 조인선 · 현소혜
—
펴낸이 이방원

펴낸곳 세창출판사
　　　　 신고번호 제300-1990-63호　주소 03735 서울시 서대문구 경기대로 88 냉천빌딩 4층
　　　　 전화 723-8660　팩스 720-4579
　　　　 이메일 edit@sechangpub.co.kr　홈페이지 www.sechangpub.co.kr
—

ISBN 978-89-8411-830-0 93360